大
方
sight

TONI
MORRISON

10
he Last Interview
最后的访谈

托妮·莫里森

［美］托妮·莫里森 著
孙麟 译

中信出版集团｜北京

图书在版编目（CIP）数据

托妮·莫里森：最后的访谈 /（美）托妮·莫里森著；孙麟译 . -- 北京：中信出版社，2024.10.
ISBN 978-7-5217-6707-0

Ⅰ. K837.125.6

中国国家版本馆 CIP 数据核字第 2024BU9654 号

TONI MORRISON: THE LAST INTERVIEW AND OTHER CONVERSATIONS
by TONI MORRISON WITH AN INTRODUCTION BY NIKKI GIOVANNI
Copyright © 2020 BY MELVILLE HOUSE PUBLISHING
This edition arranged with MELVILLE HOUSE PUBLISHING
Through BIG APPLE AGENCY, INC., LABUAN, MALAYSIA
Simplified Chinese translation copyright © 2024 by CITIC Press Corporation
ALL RIGHTS RESERVED
本书仅限于中国大陆地区发行销售

托妮·莫里森：最后的访谈
著者：　［美］托妮·莫里森
译者：　孙麟
出版发行：中信出版集团股份有限公司
（北京市朝阳区东三环北路 27 号嘉铭中心　邮编　100020）
承印者：　河北鹏润印刷有限公司

开本：880mm×1230mm 1/32　　印张：5.625　　字数：121 千字
版次：2024 年 10 月第 1 版　　印次：2024 年 10 月第 1 次印刷
京权图字：01-2024-2350　　书号：ISBN 978-7-5217-6707-0
定价：42.00 元

版权所有·侵权必究
如有印刷、装订问题，本公司负责调换。
服务热线：400-600-8099
投稿邮箱：author@citicpub.com

目录

1 **序言**
尼基·乔瓦尼

7 **首次访谈：编辑的坚定信念造就了一本黑人历史剪贴书**
采访者 莱拉·弗雷利奇尔
《出版人周刊》，1973年12月

13 **托妮·莫里森访谈**
采访者 小唐纳德·M.萨格斯
《斯堤克斯河》杂志，1986年

25 **托妮·莫里森谈《宠儿》中母亲养育的"冲动"**
采访者 查莱恩·亨特-高特
《PBS新闻一小时》，1987年

33 **托妮·莫里森谈爱与写作以及如何处理文学中的种族问题**
采访者 比尔·莫耶斯
美国公共广播电视公司电视节目，1990年3月11日

67 **沙龙访谈：托妮·莫里森**
采访者 齐亚·贾弗里
沙龙网，1998 年 2 月 3 日

95 **国家远见卓识者领导力项目**
视频采访者 卡米尔·O. 科斯比
2004 年 11 月 5 日

121 **托妮·莫里森的作品打动人心、引发共鸣**
采访者 克里斯托弗·博伦
《采访》杂志，2012 年 3 月

145 **最后的访谈**
采访者 阿兰·埃尔坎
ALAINELKANNINTERVIEWS 网，2018 年 10 月 14 日

真希望自己有家餐厅,
这样我就能烹制莫里森主题的特色菜来让大家细细品味。

INTRODUCTION

序言

尼基·乔瓦尼

真希望自己有家餐厅，这样我就能卖点特色菜品：今天的特色菜是"托妮·莫里森主题菜"。口味独特：既能感受到泪水，又能品尝到同情。先给大家推荐这道"最蓝的眼睛"和搭配这道菜的饮料"佩科拉"。一下子就吃完了，可没吃出什么味道来，因为没人能真正品尝出其中的恐惧和愤恨。"最蓝的眼睛"这道菜中最出彩的地方就是金盏花。这种植物没有开花，但种子还在那里。在碗里放些种子，看看能长出些什么，或是什么也长不出来。

我还特别推荐"秀拉"这道菜。里面有两个女孩，她们曾是闺中密友，长大后却分道扬镳。这道菜不用搭配甜点，可以就着热面包一起吃。将内尔从烤箱取出时，就是将秀拉放入冰箱的最佳时机。掌握好时间是做好这道菜的关键。需要在欲望和无法满足欲望间保持平衡。有时厨师会在里面放上点社群，同那顶美丽的帽子拌在一起。那帽子很有意思，接住帽子的人可以获得一道免费的"所罗门之歌"和一杯新鲜的牛奶。

当然，我们会为"爵士乐"倾情[1]配上一部电影和一两个讨

---

[1] 原文为 Belovedly，一语双关，既暗指莫里森的作品《宠儿》(Beloved)，也有"深爱倾情地"意思，为了译文的顺畅，译者保留后一种意思。——本书脚注如无说明均为译注

论。姑且称这里为"莫里森餐厅"。这里有伏特加，尽管我更喜欢价格更实惠的香槟酒。水的话只有瓶装的。倘若托妮的家向美食家敞开，那里肯定一直煎着鲷鱼。人们都会觉得油炸食品对心脏什么的不太好，可是美国黑人不吃油炸鲶鱼和猪小肠，又怎能熬过奴隶制和种族隔离的黑暗岁月？鲷鱼是用来款待客人的。格林尼治村有家餐厅，里面有时卖点鲷鱼，我知道托妮喜欢吃这个，便在自己去纽约的时候捎上她一起。诗人可实在吃不起这玩意儿，不过她消费得起，她可是托妮·莫里森啊！我开着自己的轿车到她家接上她，然后一起去餐厅。不太记得我们聊了些什么，吃完饭，我开车送她回家。她总是说她可以坐自己的轿车回去，但是我明白，如果我让托妮自己回家，我奶奶肯定会大发雷霆。于是我送她回了家，对她道完"晚安"，再开回曼哈顿。她肯定知道诗人没小说家有钱，但是她也清楚我们都是南方人，这是我们的惯例。

  我从未见过托妮那个被烧毁的家，不过我喜欢她位于哈得孙河岸的那个宅子，因为那儿一楼卫生间里有诺贝尔奖评委会给她写的颁奖词。我有幸成为托妮·莫里森的朋友。大多数时候，我们俩话不多。我来看她时，我们之间总保持着一种默契的沉默。我母亲6月24日进入弥留之际，没过多久，也就是8月5日的时候，我姐姐也不太行了。我尽一个好女儿和好妹妹的全力来照顾她们，我觉得自己尽力了。可是，这个过程还是挺难熬的。某个午后，我坐在书桌前黯然神伤，这时我想到给托妮打个电话。可能我从来没对她说过这么多话，而她在电话那头体贴地听我诉说。末了，她提议，尼基，写点什么吧。你可以这样。把心里的感受都写下来。

真希望自己有家餐厅,这样我就能烹制莫里森主题的特色菜来让大家细细品味。书名是《最后的访谈》,但是对托妮的采访不会到此为止。她的书活在我们心中,与我们交谈。她本可以让我读点什么。可是她让我写点什么。她是对的。

我会骄傲地把这本书送给我的孩子们,
我相信其他黑人(和白人)会与我感同身受。

THE FIRST INTERVIEW:
EDITOR'S PERSONAL COMMITMENT
SHAPES A SCRAPBOOK OF BLACK HISTORY

首次访谈:
编辑的坚定信念造就了一本黑人历史剪贴书

采访者
莱拉·弗雷利奇尔

《出版人周刊》(*Publishers Weekly*)
1973 年 12 月

出版一本缅怀过去的黑人历史剪贴书的想法不足为奇，不过一直没人去做，这倒挺奇怪的。兰登书屋年轻有为的黑人编辑托妮·莫里森首开先河，策划这样的剪贴书：《黑人之书》(*The Black Book*)（2月26日，15美元；平装版5.95美元），而比尔·科斯比（Bill Cosby）这样描述这本书的内容："试想，一位300岁的黑人打算，嗯，比方说，他10岁左右在剪贴本里保存了他和他族裔同胞在美国的生活记录。他会留着他感兴趣的新闻报道、家族老照片、集换式卡牌、广告、信件、宣传单、解梦天书和海报……故事、传闻、日期。最后以美国黑人之旅结束：一本像这样的书……"

托妮·莫里森这里没有这样300岁的老先生，不过她有和这差不多的东西——四位男性关于黑人的收藏品：米德尔顿（斯派克）·A.哈里斯、莫里斯·莱维特、罗杰·弗曼和欧内斯特·史密斯，都被选为《黑人之书》的作者。托妮还添加了食谱、引言、故事，以及来自她亲朋——"只是普通老百姓"——的收藏，因为她就是希望"做一本普通黑人可以产生共鸣的书"。托妮称这是"真正的黑人出版"，相对于那些有特定观众的黑人历史类学术书籍出版项目而言。

《黑人之书》追溯黑人从非洲故土到经历奴隶制和重获自由后的历史和文化，每一页均配有插图，举例说明黑人对音乐、美国历史、艺术和体育的贡献，其中包括民间故事和伏都教的章节。里面还有纽约白种人报纸、附有"公开出售黑鬼"字样的海报、奴隶主的记录以及对黑人毒打和施加私刑的照片。

不是所有的内容都让人看着不舒服。事实上，托妮表示："要是让我来总结这本书的主题，我会说是生存——战胜一切困难。"我们会看到赢得轮滑比赛的贝西·史密斯；放声高歌其主打歌曲的索菲·塔克，唱的是由一位黑人男性创作的《这些日子里》；跟随佩里将军去北极的马修·亨森；生为奴隶却成了哥伦比亚特区法警的弗雷德里克·道格拉斯；黑人的发明专利，包括如今的水笔、打蛋器、街道清扫车、玉米收割机等。这本书还收录了护封上所称"我们的不足之处"：金孔雀美白霜和帕尔默医生增白霜的广告，以及黑人蓄奴的记录。

《黑人之书》的制作始于今春，当时托妮·莫里森完成了她的小说新作《秀拉》[1]（克诺夫出版社，1月7日），之后的几个月，莫里森的工作时间几乎都是围绕这本书的编辑。她还在此期间加班，同时编辑了其他六位作家的书。托妮说："我和设计师杰克·里比克、产品经理哈罗德·拉格兰一起一页一页地将整本书拼起来。这本书就此成形，仿佛有了生命。举个例子，纽约有部关于异族通婚的戏剧《寡妇布朗》，我找到这部剧的海报，将其与弗吉尼亚的黑人法律放在一起，这张海报就更具深意。其他的照片和海报与我精心挑选后编入各章节的黑人诗歌和福音歌曲、引语、新闻剪报、故事相映生辉。选取的材料以这种方式发出自

---

[1] ［原文提及的书名为 *Soula*，］出版时书名为《秀拉》(*Sula*)。——原注

己的声音,无需编辑加以解释和评论。"

从事《黑人之书》的制作"是个激动人心的美好经历",托妮说:"我认识的人都为我提供了素材。我甚至联系了我母亲!我从我结识的厨师那里拿到了19世纪玉米粉调制品——玉米糊的配方,我姨把她佃农之家在1919年带着仅有的30美元逃离北方的故事写了下来,我的一个朋友把她叔叔的'解梦天书'送给我(要是梦到床虫,就说明你的朋友们不忠诚,梦到数字522也是如此),作家伊什梅尔·里德把他收集的伏都教秘诀送给我,这些秘诀可以保证女友的忠诚,帮助孤独的人们找到爱人,还能帮助人们在诉讼中获胜。"

显而易见,托妮·莫里森用心地编纂《黑人之书》。她说:"只有黑人才能理解黑人自己的怒火、挫折和不灭的希望,我觉得白人没法做出这本书。当然,我也知道,这难免受到个人偏好的影响,因为收录的是我认为与黑人历史最相关的材料。不过,我会骄傲地把这本书送给我的孩子们,我相信其他黑人(和白人)会与我感同身受。"

隐晦的种族主义观点认为普世艺术比其他艺术更好，这完全与事实不符。

INTERVIEW WITH TONI MORRISON
托妮·莫里森访谈

采访者
小唐纳德·M. 萨格斯

《斯堤克斯河》杂志（*River Styx*）
1986 年

萨格斯 您的首部小说《最蓝的眼睛》刻画了黑人社区里一位接受了白人审美标准的黑人小女孩。您是如何在白人衡量优秀的标准占据主导的学术和出版界树立自己的文学价值观?

莫里森 我觉得,在我创作甚至构思这部小说时,我的文学价值观就形成了。我希望读到一本具有完整美感的书。不知道我有没有表达清楚。我的意思是,我要写本不用向白人一一解释的书,不以白人读者为写作出发点,而是为和我一样的人而写。这个时候,一些事自然而然地分开:添加某种编者按语,进行某种界定,思考主题——这些女孩——她们的内心世界,我的内心世界,做些我觉得是黑人音乐家做的事,判断哪些具有价值,哪些缺乏价值,哪些值得保存。这就是写这本书的动力,因为我读过很多男性创作的有影响力的黑人文学,但是我认为他们没有谈到我们自己。我也没受到什么启发。说这个只是为了表明我的立场……他们创作这些作品意义重大,如理查德·赖特所说:"我来向您介绍美国。"

萨格斯   可以具体谈下您刚提到的这个过程是如何延伸到对黑人学生的教学上吗？

莫里森   这个实施起来挺困难的，我在族裔混合班中试过，但没在全黑人班级中用过。看看这个过程在全黑人班级的实施效果可能会挺有趣的。可是，在族裔混合班中，你要考虑到班上每位同学的需求。因此，重要的是，不要从白人的价值观体系入手来看黑人的反应。那么就得从黑人的价值观体系切入，思考文本如何与之联系或相斥。这就是个教学问题啦，对我来说，要整理好我心目中所有黑人艺术的特征，连一些黑人也无法说出的黑人世界的既存现实，以及所感受到的现实。确认好这些，我们就可以来学习书本了。

萨格斯   教授白人学生肯定会遇到特殊的问题。您如何看待可能在全黑人班级被普遍接受的黑人现实经历？

莫里森   你先前说到，剥夺和暴力从一开始就有。然后你看看发生了什么，从中产生了什么积极的事物，黑人能够以夺回、自重、反抗等方式做些什么。我曾认为很多事情都是理所当然的，而且我还认为大家都懂我的意思。可不是这样，于是我想到这样的问题，没有自我是什么意思？当"他者"否认自我时，这就是奴隶制，你得做什么才能重拾自我或重获地位，没有自己的艺术又意味着什么？我只是引用从过去到现在世界上的人所说的话，其中的批评很明白，它们表达的是美国黑人一无所有。

萨格斯　那么黑人学校呢？在这里教书，会不会轻松点儿？

莫里森　应该是。但我不太清楚是不是这样。虽然在那里读过书也教过书，但那时正值民权运动前夕，我在1964年就离开了，而在那些年里，对黑人学校而言，衡量优秀的标准是在某件事上干得比白人学校更出色。民权运动后，课程可能有了重大调整，重点放在内部研究。我不知道后来结果怎样。但我听到了有意思的事。比方说，霍华德大学应该是儿童发展方面最好的学校之一。不知道文科怎么样。此外，黑人处于不公平的境遇中，因为民权运动期望的结果是学生可以去任何地方。他们不必去霍华德接受所谓最优质的教育。学生可以去其他学校，教师也可以有这样的自由。于是黑人孩子不必去霍华德、菲克斯或诸如此类的学校，当老牌优秀的白人学校开始招收这样的黑人孩子时，黑人学校就流失了黑人学生精英中的精英，换句话说，黑人学校在1960年代失去了神话般的吸引力。不过，总有一些黑人学校仍然屹立不倒，但大多数黑人学校都受到冲击。由于霍华德始终站在民族融合斗争的前沿，因此他们处境艰难。取消种族隔离之后，就会有白人孩子来到霍华德。要知道，那里的医学院里白人几乎占了三分之二。

萨格斯　　您的小说《秀拉》完全以黑人社区为背景，考察了两名黑人女性间的友谊。如果像秀拉这样的女性今天还活着并在写书，她会如何调和自己强烈的黑人女性情感与更主流的女权主义对人际关系和性别的观点？

莫里森　　对她来说，这会有些麻烦。为进行性别方面有见地的讨论——比方说女权主义问题——扫清障碍相当重要。但这不是死路一条，本身也不是目的所在。一个没有男性情感的世界并不完整。所以这很微妙。这不是一条直线，而是两件事的交汇之地。希望通过双方关系彼此都能得到加强。我想说的是，在我看来，白人女权主义在某些方面的观点很有问题，因为我假设自己能做秀拉会做的事。如果她足够非正统，她极有可能会对非正统的，或者至少是非主流的解决方案感兴趣。但她可能不是这样的人。

我们的语言中有"要么……要么"这样的词汇，大家都太在意这些词了。这样的分歧让人遗憾。我觉得，这让我不得不在自己的儿子们和女权主义者之间做出选择……如果我做出选择，就不是后者。但我不知道为什么一定要做这样的选择，我也拒绝这么做。这就像堕胎和生命权一样，仿佛两者间存在不可避免的冲突。可没有这样的冲突。但即使它不存在，它还是被描绘成了战场。没有人要求你就得这么做。

在我们这个国家，有人认为其内部存在相互冲突的生活方式，这种想法不断制造着麻烦。人们总是在划定派别和战场。对方应该被除掉。和谐社会不能共存两种观点。这正是我们被教导面对冲突和破坏的方式。因为，要是事实证明，你是对的，别人就是错的，而错就意味着死亡，不能活着。作为一名同时拥有 X 和 Y 染色体的女性，在我看来，女性应该能够协调好这些不同的类型。意识形态上屠杀他人的想法正吞噬着人们的智慧。基于你我观点不同就得消失的固执想法，人们正做出令人最难以置信的判断。这些既是政治声明，也是生物学和其他方面的声明。正在建立的等级制度是有问题的。因此，有人想要让自己融入男性世界，有人想要接管男性世界的自由和权利，还有人想要将男性完全排除在他们生活的世界之外。在我看来，这些想法都存在某种敌意。并非因为它们不是合理的抗议，而是因为敌人不是男性。敌人是父权制概念，就是将父权制作为管理世界或做事的方式，比方说医学中的父权制、学校中的父权制或文学中的父权制。

萨格斯　　您说过，您认为最好在黑人经历的背景下审视黑人女性角色的问题。有人批评黑人女作家有时对黑人男性做了不公正的描述，您如何回应这一批评？

莫里森 一些女作家在处理白人父权社会中黑人男性角色方面尤为谨慎。由于与黑人男性的关系密切，这些女作家了解种族主义本质，不会将黑人男性简单地归为格格不入者。她们将黑人男性作为她们之中的他者，但我发现黑人女性的这种态度没有白人女性那样尖锐。当你遇到一个极为好战的白人女权主义者时，你会觉得这是她们独有的。这些人不允许男性的情感进入她们的世界。我发现这种倾向在黑人女性身上没这么强烈。尽管人们告诉我，黑人男性不满黑人女性在文学作品中对他们的塑造，但我猜或许他们是对的，因为我并不了解每位黑人女性的作品。可是，如果说黑人女性笔下的男性都不温柔，都不通情达理，那就有问题了。我知道葆拉·马歇尔（Paule Marshall）没那样写黑人男性。我当然也没这么写。他们中有些挺不堪的，有些也挺好的。托尼·凯德·班巴拉（Toni Cade Bambara）没那样写。格洛丽亚·内勒（Gloria Naylor）也没那样写。所以我认为他们是被误导了，因为有些人——每当他们看到男人没那么优秀——就惊慌不已。黑人女作家真的很谨慎，她们也必须保持谨慎，因为刻画男性角色时，没人能走捷径。一些书中男性角色只是女性成长的陪衬。但这样的角色根本不可信。这可能对你的故事派上些用场，但我不相信这样的角色。因此，男性有权对这个问题保持警惕和敏感，就像我们有权对类似的问题——黑人男性的书中如何刻画黑人女性——保持同样的敏感。

萨格斯 一位采访者曾请教过您单亲家庭数量对黑人社区的影响。能否详细阐述下您当时的回应——黑人女性可以利用男性的缺席作为独立的资源?

莫里森 我知道,有些人觉得单亲家庭在某种程度上是残缺的。我深知一位父母无法抚养好一个孩子。但事实是,两个父母也做不到这一点。你需要每个人的帮助。你需要整个社区共同抚养一个孩子。一位家长可以获得该社区的帮助。你必须努力获得这种帮助。你必须做出决定。我指的是社区,而不是像我小时候那样的邻里,只在一条街道、一个街区。对于我们大多数人来说,尤其当你是个有工作的单身父母,现在已经不是这种情况了。你要在自己周围聚集那些能为你提供这种帮助、为你孩子提供多项资源的人。我有一些女性朋友,她们在独自抚养孩子的同时还在工作,她们的孩子与她们的朋友就像一家人。遇到危机和紧急的情况,她们相互照应。她们真正将彼此当作一种生命支持系统,这样就不会出现一对一的单一关系,这种关系不论对孩子还是对父母都过于紧张。没有人能给予这么多。父母不能,孩子也不能,所以你确实需要其他人的帮助。你需要一大群人的帮助。我不在乎人们怎么叫它，扩展家庭或大家庭。这就是我们所需要的。

萨格斯　艾丽丝·沃克批评那些她觉得"脑子里装着白人"的书。而有些黑人女作家的作品大卖又主要归功于前来书店买书的白人，这样的批评会对这些女作家的作品产生什么影响？

莫里森　人脉广——无论是黑人还是白人——有个好处，就是它能让作家出版作品的可能性提高。一旦有了市场——得记住，整个体系由白人控制——一旦存在读者群，那么其他黑人作品可能会被公司购买、分销和出售。这很重要。但这不能影响写作。我想有人会让它产生影响。每个作家都必须抵制为迎合大众而写作。大家都知道那些为读者而创作的作家，他们反复用讨读者欢心的事物来写作同样的作品。严肃的作家书写那些促使他们创作的事物，新挑战，新情况，以及他们以前从未接触过的新景象。但我从一开始就发自内心地创作小说，若读者想要的东西和我一致，我会为这样的读者创作，我还会让自己成为一个要求不断变动、要求不断提高的作者。但矛盾的是，实际上，要求越具体，写的东西就越具体，也越容易被读者理解。托尔斯泰并不是为俄亥俄州的黑人小女孩写作。他写的是俄国人，具体来说是俄国上层社会的某些状况等。每个有自己写作兴趣的人皆是如此。隐晦的种族主义观点认为普世艺术比其他艺术更好，这完全与事实不符。一个创作具有普世性小说的作家其实什么也没写。文化方面的内容越具体，你就越觉得它有启发性，因为你将其与周围事物建立联系。你瞧，我们之间的关联多于差异，这是重点。你不会抹去一种文化。你不会抹去民族品质。你当然不会专注于一种平行或主导文化。一些黑人作家却会这么做。哈莱姆文艺复兴时期的大部分作品都是针对白人读者而写，颇有几分"给你瞅瞅我有多么不同"的味道。你总能听到那个声音。她可能就是这个意思。当代作家还这么做。我不认为读者群与之有任何关系。我想可能会有一些拥有大量白人读者的黑人作家为这些读者写作，但我无法想象。这种事只在电视上发生。你有这些漫画书里的小玩意儿。你尝试跨越这里的某条线，但实际上它不在那里。实际上是黑脸扮装。或许穿着不同，但事实就是如此，黑人扮演黑人。有意思的是，不少女性在写作时考虑的是男性读者。当她们占某个男人上风时，我能感觉到。他显得太重要了。这是什么？她们越是疯狂地赞许他，他就越重要。对那头的那个小角色来说，这是把有威力的大枪，不是吗？她们以前叫它大加特林机枪，就是为了把这个小个子炸飞。因此他真的很重要。枪实在太大了。

但这世界上存在一些,在我看来,最复杂、最有趣、最神秘的人。有这样一群人。他们需要由作家来展现他们生活的样子。

TONI MORRISON ON CAPTURING A MOTHER'S
'COMPULSION' TO NURTURE IN *BELOVED*

托妮·莫里森谈《宠儿》中母亲养育的"冲动"

采访者
查莱恩·亨特-高特

《PBS 新闻一小时》(PBS NewsHour)
1987 年

托妮·莫里森是美国最令人钦佩的女性文学家之一，她的每部小说甫一出版，总是备受关注。而她于9月出版的最新作品《宠儿》现已印刷到第3版。继莫里森在过去16年间出版的其他四本小说《最蓝的眼睛》《秀拉》《所罗门之歌》和《柏油娃娃》之后，这部作品迅速跃至新书排行榜榜首。1981年《柏油娃娃》出版后，莫里森在小说界的地位让她登上《新闻周刊》的封面故事。《宠儿》是莫里森第二部入选"每月一书俱乐部"重点选书中的小说。

《宠儿》讲述了逃奴塞丝的故事，她想方设法杀死自己的孩子，而非眼睁睁地看着他们重新落入奴隶制的魔掌。她只杀掉了一个孩子：她的女儿"宠儿"。故事围绕《宠儿》中愤怒的鬼魂回归展开。宠儿同她的母亲和她的妹妹丹芙住进了同一所房子。在这里，莫里森写下一段话，阐明了丹芙对母亲杀子的看法以及塞丝需要让宠儿的鬼魂理解妹妹的看法。

亨特-高特　　这部小说的灵感源自何处？

莫里森　　我在一份19世纪的报纸上读到一篇文章，里面谈到一位名叫玛格丽特·加纳的妇女，她曾经杀死或竭力要杀死自己的孩子。她是名逃亡的奴隶，不想让自己的孩子重新落入奴隶制的魔掌，于是决定将他们送入永久的死亡之地。这篇文章在我脑海中久久萦绕，它似乎蕴藏着一个值得写成小说的好题材，就是这种养育的冲动，这种女人必须对自己的孩子负责时而表现出的强悍，以及人们试图成为独立而又完整个体时的矛盾。

亨特-高特 您曾表示，她没有，那时的她没有权利做这样的事，但换作我，我可能会做同样的事情，我的意思是——

莫里森 她没做错……（笑）但她没有权利这样做。我想，我能理解这些说法——你看，那些女人不配……做父母。她们本该——嗯，人们都觉得她们该有孩子，但她们做不了母亲，因为她们对这些孩子的未来没有发言权，无法决定孩子的去向，甚至不能给孩子取名字，以致她们在很多方面都被剥夺了人性，连母亲的角色都被剥夺了，那是……嗯……早期……嗯……我的意思是，这与历史无关。这就是女人所做的。因此，她夺去了一些她无权拿走的东西，那就是财产——她的孩子们——最终，她决定不仅要支配他们的生命，还要结束他们的生命。而当人们知道他们过着什么样的生活——他们会面临什么样的未来——就不难理解她的决定了。

亨特-高特　　您曾说，以前对奴隶制的描述过于简单化，没有探究人物的内心。对你来说，考察很久之前的黑人角色的内心是否有难度或者说有多难？

莫里森　　确实挺难的。嗯，我对一些描述不太满意，呃，那是因为你会发现这样的情况普遍存在。而最大的问题在于奴隶制是么复杂，其影响如此巨大，持续时间又如此漫长，前所未有，以至于你可以用奴隶制来创作故事、将其编作故事的情节。你知道那是个什么样的故事。这点可以预见。然后你做了件最恶劣的事，那就是你——你——将故事的中心变成了权力机构而不是普通民众。因此，如果你专注于人物及其内心生活，这就像是把权力交回奴隶手中，而非奴隶主手中。

亨特-高特　　您创作鬼魂的依据是什么？

莫里森　　首先，我由衷地希望她的过往、记忆——难以忘怀的记忆——不要被抽象化。我想让她真切地面对她一直试图回避和搪塞的事情，也就是过去发生的可怕的事。作为表达过去的一种说法。过去仍鲜活地存在。那个，我们自己同我们的个人历史、我们的族裔历史、我们的国家历史之间的这种关系，有时变得有些疏远。你要是把这种关系转化为一个人，这就是不可避免的对抗。其次，黑人生活环境的一部分是将生者与死者间的密切关系考虑在内。那个,他们没有那种现代观念中对两者关系的排斥——他们不排斥这样的关系。

亨特-高特　《宠儿》这本书几乎,呃,没有收到,呃,负面评价。我的意思是,一致好评。但评论家对这本书中的人物塞丝和您的其他作品有这样的评价,认为您描绘的人物比生活中的更夸张。这是否让您感到不安,或者,对您而言,这是否算得上是一种批评?

莫里森　这曾困扰过我。但我意识到,他们所说的生活是比较局限的。我创作的角色并没有失实。事实上,他们和生活中的人物一样真实。生活真的非常广阔。如今,我们倾向于将其缩小,将其变得越来越窄,好让它适合成为一个标题或待在一个房间里,我不清楚什么才是所谓的适合。

亨特-高特　您认为现代读者对生活的看法是否比以前狭隘?

莫里森　读者并没有,可是作者却把这方面创作得越来越狭隘。

亨特-高特　是什么原因呢?电视导致的?

莫里森　也许是。如今,文章已经被缩成屏幕尺寸的短文,已不再盛行在小说中描写某个复杂人物的生活或某个复杂的阶段。生活变得更短、更小、更窄。人们在历史和传记中可以做到这一点,但在当代生活中却无法做到。

亨特-高特 您在很久以前说过——嗯，也没有很久，就是1970年代的时候——当时您是兰登书屋的编辑——您说想参与编定一套超越黑人自我鞭挞的黑人作品经典，您认为黑人自我鞭挞是白人编辑或白人社会怂恿黑人作家的一种娱乐。您这方面的工作进展如何？出版界是否也大体在这方面取得了进步？

莫里森 还是有点成绩的。但阻力仍然存在，因为目标读者群没有太大改变，呃，读者仍是40到60岁之间、住在大城市附近郊区的白人，他们是传统的购书群体。但与此同时，也有新的情况发生，出现了庞大的读者群——黑人、白人和女性——这对出版的书籍产生了影响。当我提到自我鞭挞时，我特别注意到一些书名，但更重要的是，出版商以及，呃，图书行业对黑人书籍感兴趣的人们急切地表达着这样的想法："让我了解……让我知道你有多生气、怎么个生气法儿。让我见识一下你的愤怒。让我们知道这对你来说有多可怕。"因此，有人不动声色地怂恿黑人暴露自己成为受害者的恐怖，有些黑人就真的去做了。但这就像用自己的血去喂吸血鬼一样。那个，这并非在描述一种复杂而又了不起的，呃，永生生活。这并不意味着你将过去的一切都抹尽，所有的黑人都是英雄——虽然存在这样一种想法。但这世界上存在一些，在我看来，最复杂、最有趣、最神秘的人。有这样一群人。他们需要由作家来展现他们生活的样子。不只是为了展现他们的生活和教育世人，甚至不只是为了迎合白人对罪恶感、罪恶感表达的渴望，这曾是一种渴望。这就是我所说的那本"大书"。我希望这方面会有改变。许多黑人女作家在这些方面已经颇有建树，因为这样活跃的读者越来越多，这些读者迫切希望看到自己促成这方面的变革。

亨特－高特 您担任编辑时，为美国小说、文学增添了那么多的新声音，而当您因自己创作的作品热销而远离编辑岗位时，嗯，有谁能来接您的班？您对此有何感触？我的意思是，（笑）某种程度上您正在抛弃自己的孩子们！

莫里森 （笑）确实如此，我要抛弃他们，不做编辑了。但我坚信，我越出名——知名度越高——其他作家就越容易进步。如果我耕耘好公众这块土壤，在欧洲旅行、售书、演讲，那么所有的年轻人就不必突破同样的桎梏，这些大门都会向他们敞开。他们会比我写得更好。他们可以书写曾经任何一位作家都无法触及的事物。他们会更强大，他们作品的可读性会更强。但这种局面的出现部分是因为六七位黑人女作家，包括我在内，为他们做好了铺垫。

……所有这些对国家里的穷人和/或黑人和/或任何非白人的委婉说法。事实上这是所有政治话语的主题,但它一直被排斥在艺术界之外。

TONI MORRISON ON LOVE AND WRITING,
AND DEALING WITH RACE IN LITERATURE

托妮·莫里森谈爱与写作以及如何处理文学中的种族问题

采访者
比尔·莫耶斯

美国公共广播电视公司电视节目(PBS TV)
1990年3月11日

莫耶斯　（画外音）托妮·莫里森似乎总是身处两个世界。一个是她周围熙来攘往的现实世界，另一个是她的小说世界，这里的人物向我们讲述陌生人眼中隐秘的内心现实。

她的五部作品令广大读者感受到美国黑人的体验。《最蓝的眼睛》《秀拉》《所罗门之歌》《柏油娃娃》。《宠儿》或许是莫里森最为凄美的创作，她在其中追溯了19世纪的奴隶制岁月。

她的作品赢得了无数殊荣。《所罗门之歌》获得1978年美国国家书评人协会奖，《宠儿》则摘得1988年普利策奖。她被15所大学授予荣誉学位。

同许多小说作家一样，莫里森通过多种方式谋生。她曾担任兰登书屋的编辑，还曾任教于霍华德大学、耶鲁大学和纽约州立大学奥尔巴尼分校，现于普林斯顿大学人文学院教书。

她还是纽约公共图书馆的董事会成员。我们在这家图书馆交流了虚构的小说世界如何与现实生活联系起来。

（采访中）如今的"内城"[1]与全国其他地方在想象和现实、政治和文学之间，存在着巨大的鸿沟；坦率地说，双方的沟通非常有限。如果您现在为其他地方的读者撰写有关内城的东西，会使用什么比喻？我问这个问题是因为您在《所罗门之歌》中用到了一个常见的比喻——飞翔，每个人都梦想着在空中飞翔，我们大家都认同这一点。但是，如果您为其他地方的读者创作，又会用什么来比喻今天的内城呢？

莫里森 爱。我们必须接纳自我。自我欣赏。我记得詹姆斯·鲍德温曾说过："有人花钱将你买下，你的祖先已经为你放弃了爱。一切都结束了。你不用再走老路了。现在你可以爱自己了。你能做到这一点了。"所以我对内城这些介入内城生活的黑人怀有钦佩、尊敬和关爱之情，这些黑人过来对我们说："你们四个女孩，每周四来我家，我们去吃饭，我们要带你们出去玩。"那个，这些都是职业女性，她们主动过来建立同伴关系。

我喜欢我在芝加哥听说过的那些人，他们是黑人职业男性，每到午餐时间，他们都会去芝加哥南区的游乐场与孩子们交谈。不是对他们呼来喝去，只是去了解他们，没有官僚，没有中介，只是去直接了解他们。

---

[1] Inner city，指城市中的贫民区。

莫耶斯　　您所说的爱是受道德想象激发、使我们超越血缘的爱。

莫里森　　没错，就是这种爱。

莫耶斯　　可人们的印象是——作为一名记者，我也去过那里——在很多这样的街区，根本不可能有这种爱——

莫里森　　缺乏这种爱。

莫耶斯　　——因为天性被荒废。

莫里森　　嗯嗯。这很可怕。很可怕。太可怕了。它让你想起萨德侯爵在某些这样的方面编造出的一些噩梦。但孩子们——我称18岁以下的他们为孩子——渴望那种爱。毒品只是一种让你无法醒来的睡眠，因为你可能会记得你在睡梦中做的事。他们没有容身之所——每个角落以及麦当劳和银行都该设有一个康复中心。这是件严肃的事情。候补名单太长了。我的意思是，这太糟糕了。真的很糟糕。

但是，这方面又发生了一些有意思的事。几周前，一位女士，我的闺蜜，告诉我，有男人，黑人男性，进了住处。他们抱着快克宝宝[1]，我指的是刚出生的婴儿——抱着孩子。抱着孩子。现在，我确信

---

[1] 即胎儿期间因母亲食用快克可卡因而接触过毒品的婴儿。

这对婴儿有好处，但想想花时间抱孩子对那个男人又有什么好处。

莫耶斯　　我记得约翰·伦纳德曾提到："托妮·莫里森写的东西里面，连爱也能用冰锥找到出路。"也许这印证了您刚才所说的——接下来，能聊聊爱吗？

莫里森　　当然可以。

莫耶斯　　您说爱是种隐喻，当我看您的小说时，爱以多种不同的方式和形式存在——尤其当我读到您小说中的女性，以及她们为爱所做的非同寻常的事。其中有位祖母故意弄断自己的一条腿，这样她就能获得一份保险，买下房子并照顾孩子们长大。还有塞丝这样赶在猎奴者到来前杀死自己孩子的母亲。那是什么样的爱？

莫里森　　有些爱非常狂热。浓烈。甚至扭曲，因为他们身处如此深重的压迫。但我认为他们和我一样相信，虽然，那个，有人会说，"我可没让人把我生出来"，但我想我们提出过这样的要求，我们才会在这里。我们在这里，我们在离开之前得做些事来支持我们崇尚的东西。我们必须做这些事。爱他人、照顾他人、让人开心，这是更为有趣、更为复杂、对智力和道德要求更高的事。

现在，这样做的危险是要将自己抬高为一名殉道者，或是那种，那个，没谁地球就不转的人。

莫耶斯　保罗·D. 对塞丝说："你的爱太浓了。"这是否就是您想表达的？

莫里森　太浓。没错。它可能会变得太过浓厚。

莫耶斯　那我们如何知道爱什么时候太浓了？

莫里森　我们无法知道，我们真的没法知道。这是个大问题。我们不知道何时停下来，正如贝比·萨格斯所说："什么时候过多，什么时候不够？"这就是人类思想和灵魂的问题。但是我们必须尝试去爱。我们必须尝试一下。我们得去爱。不去爱的自我太可怜了。这对心灵来说太无情了。没有爱，生活是多么无趣，爱并没有风险，不涉及任何风险。爱让生活不仅变得美好，也成为一件勇敢的事。

莫耶斯　但我有种感觉，您小说中诸多充满爱的故事里——世界注定会毁灭爱，或爱注定会被世界毁灭。

莫里森　嗯，故事里的人物被我放在悬崖峭壁上了。我的意思是，我尽可能地给他们施压，看看他们的表现。

莫耶斯　我觉得我在当代文学中从未遇到过比《最蓝的眼睛》中佩科拉·布里德洛夫更可怜的家伙，那个一心想要一双蓝眼睛的小女孩。遭到虐待，被她的——

莫里森　　被每个人虐待。

莫耶斯　　——父母虐待,被她的邻居排斥,她丑陋、平庸、没有朋友。最终变得疯狂。我——我读那本小说已经很多年了,但我还记得她。

莫里森　　她完全屈从于所谓的主导叙事。

莫耶斯　　屈从于什么?

莫里森　　主导叙事,我指是,什么是丑陋、什么是没有价值、什么是蔑视,这些概念。她从家人那里、从学校里、从电影中、从各个地方学到了这些。

莫耶斯　　主导叙事。什么是——就是生活吗?

莫里森　　不,这是白人男性的生活。主导叙事是当权者强加给其他人的意识形态脚本。主导小说。历史。它有一定的观点。因此,当佩科拉这样的小女孩们看到她们在圣诞节得到的最珍贵的礼物是个白色小玩偶时,这就是主导叙事在发声。"这很漂亮,这很可爱,而你不漂亮也不可爱。"所以,如果你像佩科拉那样屈从于这样的声音,故事的视角——小女孩就像那里的一座桥梁,他们对此有几分抗拒又有几分兴趣。他们不相信任何大人。她如此需要,非常需要,拥有的东西寥寥,想要的东西很多,她完全是个受害者，彻头彻尾的受害者，那种可怜的孩子。对她来说，没办法重返社区、融入社会。对她来说，作为一个受虐的孩子，她只能逃入幻想和疯狂中，这是精神一直在创造的一部分，我们可以这样去想象。

莫耶斯　　那《宠儿》中的艾拉呢？她说："如果有人问我，我会说什么都别爱。"

莫里森　　"什么都别爱。"我听过很多这样的话，"任何东西都别爱，留好爱。"你看，这个国家黑人的经历中具有毁灭性的事情之一，我认为，就是竭力阻止黑人充分表达他们的爱。而艾拉的那种情绪比较保守，要保持自己的理智，坚持自己，就什么都不爱，爱会让人受伤。当然，这适用于美国非裔，对所有人也是如此。爱的风险太大。人们不想受伤，不想被离弃。那个，他们不想被抛弃。仿佛爱总是你送给别人的礼物。而事实上，爱是你送给自己的礼物。

莫耶斯　　另一方面，您创作的角色派拉特让我想起了我的姨妈米尔德丽德。派拉特在《所罗门之歌》中说："我希望我认识更多的人。我会爱他们所有人。如果我认识的人更多，我爱的人就会更多。"就有这样的人。您创作的角色并非都受幽暗疯狂的驱使。

莫里森 你说得对。不过派拉特是个极为慷慨、自由的女性。无所畏惧。天不怕地不怕。她有点小本事。有点能帮人的技能可以施展。她不主宰他人的生活。可以接受几乎无限的爱,几乎无限。如果你需要她,她就会给予爱。她完全清楚自己是谁,非常清楚。

莫耶斯 您认识这样的人吗?

莫里森 认识。我的家人中就有用这种方式表现自己的女性。她们十分清楚自己的身份,也绝对值得信赖。她们同上帝、死亡以及各种让现代人心生恐惧的事物有着密切的关系。在这方面,她们有个词来描述这个。有种——我不知道,也许是种幸福。似乎没什么好害怕的。

每当我回答问题,比如你向我提出的这些问题——关于这一切是多么可怕又是如何每况愈下,这时,我真的对这些女性产生巨大的责任感。我想起我的曾祖母、她的女儿和她的女儿的女儿,以及所有那些——我指的是,让不可思议的事情发生在人们身上的女性。她们并不知道从今天到明天会发生什么事。但她们相信自己的尊严,相信自己是有价值的人,坚信必须将这些传承下去。而她们做到了,所以当我面对这些,嗯,20世纪的问题时,看看——

莫耶斯	这些 20 世纪的小问题？但你似乎对其中一个问题表述得非常有趣，就是奈尔和秀拉间的身份冲突。
莫里森	秀拉，对。

莫耶斯	奈尔将自己奉献给社区，需要社区的安全感、舒适感和团结感。如您所说，秀拉出现了——
莫里森	她的出现具有破坏性，是的。

莫耶斯	您说，她就在那儿，独立，自我不受控制也无法控制。现在，您称她为新黑人女性，新世界黑人女性。
莫里森	新世界，没错。

莫耶斯	为什么呢？
莫里森	嗯，这个角色带有实验性，有点像不法之徒。我的意思是，那个，她已经忍无可忍。就是说，她处在——她可以发挥自己的想象力。可以发挥自己的想象力。别人的故事、别人的定义，都与她无关。秀拉好玩的地方在于她让你为自己定义，所以我把两股女性特质糅在一部作品中。当然，黑人女性指的是依赖于这种想象力、关心他人、住在黑人街区的女性。如若没有新世界的想象力，那么没有根基的秀拉就没有可以养育的种子。我偏偏认为她们彼此需要对方。我的意思是，新世界黑人女性需

要一点旧世界黑人女性的特质，反之亦然。在我看来，没有对方，她们就不完整。我觉得理想的状态是，秀拉拥有并肩负一些责任，同时拥有这种天赋。我不喜欢那些非此即彼的情况，你能做这个，就不能做那个。我认为女性智识定能带来的有趣的事情之一就是，一种看待世界的方式，就好像你可以做两件或三件事一样——个性更流动，更乐于接受。边界较模糊。我认为这就是现代主义的一部分。

莫耶斯　　创作一个像奈尔一样努力扶助和关爱他人的新型人物。

莫里森　　是的，一个你可以信赖的人。

莫耶斯　　但和秀拉一样，她也挑战主导叙事。我想说的是，她不会让主导叙事成为她的脚本。她自己制定规则，这样她就可以去打破。

莫里森　　就是这样。

莫耶斯　　我们希望看到这样一种组合。

莫里森　　是的。如果你看到这样一种——你知道，如果这样的情况发生——我想我见过这样给我留下深刻印象的女性——你的节目中有这样的嘉宾，非常独立、非常勇猛的艺术家女性、黑人女性，大家都知道，她们可以同时做饭、缝补、养孩子和管理家庭等。我觉得，作为黑人女性，我们可能处于非常有利的位置来做到这一切。我的意思是，我们照顾着自己家和别人家的孩子，做着双份工作，倾听每个人的想法，同时一代又一代地创造、歌唱、秉持、承载、传承文化。我们已经在水上行走了400年。如今到了20世纪。我们不必像，比方说《柏油娃娃》中的贾丹那样抛弃自己的文化，背离后彻底西化、欧洲化。我们也不必成为她的婶婶昂丁英。两种文化中间有一些东西。介于两者间的东西才真正富有吸引力、具有挑战性。你可以感觉到两个世界某种程度上正在合二为一，而这正是美国非裔女性理想的栖居空间。

莫耶斯 您创作的这些女性教会了您什么吗？

莫里森 呃，的确……所有的书对我来说都是问题。我的意思是，开始写书时——是因为有些事情我不知道。我不——我想知道那种感觉，那种关于颜色的东西，那种——《最蓝的眼睛》中的那种感觉，真的感受到自身毫无价值是什么感觉？《秀拉》和《所罗门之歌》也是同样的情况，对他们所有人来说，那里有什么我真的不懂的地方吗？我真的不懂。一对真心相爱但文化存在差异的恋人之间会出现什么问题——我的意思是，是否这就是《柏油娃娃》中森和贾丹无法交流时的文化和阶级冲突？某种程度上来说，他们都没错，可就是没人愿意付出。没人会说："好的，我给你一些。"他们学到了什么？要是你们的文化、阶级、教育如此不同，这样的情况下，你如何能去爱对方呢？基础在哪儿呢？而我——在我写那本书的过程中，非常希望他们能够成功，最终能够结婚、到海边去。

莫耶斯 可是——

莫里森 他们没有。我觉得，在他们成功之前，他们都必须学点其他东西。从《宠儿》这本书开始，嗯，我开始真正思考母亲身份——那个，这不是适用于现在所有女性的角色；它可以是次要角色，或者你不必选择它。但另一方面，为人母后所发生的事情却是非常有价值的。对我来说，拥有孩子是我经历过的最具解放意义的事。

莫耶斯 解放？

莫里森 是的。

莫耶斯 大多数老观念认为，哎哟，你会很快被你将要付出的爱所囚禁，你被那种爱、那些小孩子以及他们的生活所劫持。现在你用孩子们来定义自己，就像白人和黑人过去用彼此来定义自己。你在限制自己。

但你说的却是解放。

莫里森　　就是解放。因为——孩子们提出的要求和一般人的要求不同。他们对我的要求是别人从未要求我做的。

莫耶斯　　比如?

莫里森　　做名优秀的管理者，拥有幽默感，给予他人要用的东西。他们对其他人感兴趣的东西并不感兴趣，比如我穿什么，或者，你知道，我是否愉快，又或者，我是否——他们不在乎这些。你见过孩子们的眼睛。他们不想听到这个。他们想知道，今天你做什么？不知什么原因，我对什么是有价值的东西所形成的看法，大部分都消失了。我可以扮演除我以外的角色，无论那是什么，有人真的需要我成为那样的人。这和为人子女时不太一样。

那个，你要弄清楚如何去做。这与姐妹之间也不相同。孩子们可以听他们说话，望着他们，提出你可以满足的要求。不会提你满足不了的要求，因为他们也不需要那么浓烈的爱。就是说，那只是你一厢情愿。如果你倾听他们的想法，你就能以某种方式将自己从看法、虚荣心和各种各样的事情中解放出来，展现出更好的自己，一个你喜欢的自己。我心里最喜欢的那个人，也是我的孩子们喜欢的那个人。那样一个人。一个那样的人，他们走进房间时，皱着眉头对孩子们说"把袜子穿上"，或者因为他们的存在，你开始再次透过他们的眼睛——也是你的眼睛——看世界。我觉得这很了不起。没错，这限制你的行动，你哪儿也去不了。你必须留在那里。

莫耶斯　　您一个人养大自己的孩子们，是吗？
莫里森　　是的。

莫耶斯　　您希望得到同伴的帮助吗？
莫里森　　当然了。换作其他人，他们也会这么想的。可不是？有人帮忙就好了。多多益善。我需要很多的帮助。

莫耶斯　　当我听你谈论母亲身份和爱的解放意义时，我发现塞丝竟然宁愿亲手杀死自己的儿子，太难以置信了——
莫里森　　嗯，是的。

莫耶斯　　——而不让猎奴者绑架他。这是您想象并虚构出的新奇而夸张的情节，还是你在对过去的研究中发现确有母亲愿意这么做？
莫里森　　这曾经在玛格丽特·加纳身上发生过。辛辛那提有位名叫玛格丽特·加纳的女奴，她从肯塔基州逃了出来，与婆婆一起来到辛辛那提。实际情况有些不同，我觉得她是和其他四个人一起逃出来的。她刚到辛辛那提，她的主人就找到了她。于是，她跑进棚子里，想方设法杀死她所有的孩子，就是这样。正当她要用头撞墙时，他们阻止了她。现在，她的案子被废奴主义者视作轰动的案件，因为他们想尽力改善局面，使得她因谋杀罪而受审，一旦成功，那将是对奴隶制的一次重大挑战。因为人们会假定她对这些孩子负有一定的责任。但他们没有成功。她还是因最初认定的罪行——盗窃财产罪——而受审定罪，并被归还给她的主人。

但让我震惊的是，因为我不想知道太多关于她的故事，因为那里没有我创作的空间——当他们采访她时，你会发现，她并非丧心病狂的杀手，而是个沉静的，二十多岁的女人。她只淡淡地说："他们不会再那样生活了。他们不会再那样生活了。"她传教士的婆婆说："我看着她下手，既没鼓励，也没阻拦。"所以，对她们俩来说，这是个两难境地。真的很难。"我该让我的孩子们，我最珍贵的东西，像我一样生活，我知道这种生活太不堪，还是让他们结束这种生活？"于是她决定杀掉他们，然后自杀。她的举动是高尚的。那是种身份确认。她坚定地说："我是个活生生的人。这些是我的孩子们。我要书写自己的命运。"

莫耶斯　　　如果您处在她的位置上，请问——

莫里森　　　在这本书的创作中，我就是这样。

莫耶斯　　　——您会对自己的三个儿子做这样的事吗？

莫里森　　　这个问题我问过自己很多次。事实上，宠儿这个角色的出现就是因为我无法回答这个问题。我感觉自己就像贝比·萨格斯一样。不知道会不会这样做。你听到过奴隶制和大屠杀的情况下发生过这样的事——女性必须迅速做出决定，在非常短的时间里。所以，我觉得唯一有权问她这个问题的人，就是她杀死的那个孩子。

莫耶斯　　　那个孩子。

莫里森　　　那个孩子可以问她："您这么做是为了什么？您在谈论谁？这样更好吗？您了解什么？"因为我只是——对我来说，这是个不可能的决定。有人曾对我说过这样的话，我觉得很有道理，那就是她没做错，但她没有权利这样做。

莫耶斯　　　您从未就自己的情况回答过这个问题："我会这么做吗？"

莫里森　　　我问过。但我没有答案。

* * *

莫耶斯　　您在密歇根大学的演讲中表示,"白人"和"种族"等术语现在可以在文学中加以讨论,这让您倍感欣慰。这是什么缘故呢?

莫里森　　因为一种语言已经发展起来——且仍旧具有一定的统治地位——在语言中,我们指的是白人、黑人,或族裔,但我们说的其实是其他东西。于是这当中存在巨大的混乱。若是你白人不能说,黑人不能讲,种族也不能提,那就很难理解这个国家的文学了。那次演讲中,我做的一件事是利用其他非洲研究学者的某些学术研究来论证,最终我们可以好好地考察,比方说,赫尔曼·梅尔维尔,埃德加·爱伦·坡,薇拉·凯瑟,以及影响美国文学奠基人和20世纪美国作家的实际问题。因为现在它不再含含糊糊,因为现在我们可以谈论它。我们不必称其为自然现象,也不必称其为激进的政治现象。我们就直接说那是什么,这让人如释重负。

莫耶斯　　公共修辞中充满了关于种族、白人和黑人的言论,因此听到有人说"嗯,现在至少我们可以在文学中讨论这些"似乎让人觉得不可思议。您的意思是,这些言论不是我们讲故事、写小说的传统的一部分?

莫里森　　嗯，不是。不在批评中，不在话语中，不在评论中，不在有关这些作品的学术研究中。那不是要讨论的话题。不值得讨论。不仅如此，它还承认主导叙事不涵盖所有这些。沉默绝对重要，黑人的沉默。

莫耶斯　　沉默，您是说，他的声音、她的声音从未被听到？

莫里森　　他的存在，从未被听到，他们自己也不能在文本中发言。不允许他们说话。以至于学院或历史不能真正允许它们成为文本话语、艺术、文学的中心舞台。但在公共话语中，当我们谈论社区、政策、学校、福利或任何事时，真正的主题是种族或阶级。我是说，这就是它的本质。我们可以称之为弱势群体、不发达群体或后进群体，或者，那个，所有这些对国家里的穷人和/或黑人和/或任何非白人的委婉说法。事实上这是所有政治话语的主题，但它一直被排斥在艺术界之外。有本精彩的画集叫《西方世界的黑人形象》(*The Image of the Black in the Western World*)。比方说，没人因为贺加斯画了所有这些黑人而记住他，或者，也没人想到黑人肖像的重要性及其所经历的变化。他们无处不在。国家，尤其是这个国家，到处都是黑人。但那里有——当我们讨论它时，有必要用批判性语言否认他们的存在。和大家一样，这些书我在读研期间都读过。我们从未谈论过到底发生了什么。我们谈论哈克·费恩和吉姆，我们会想到这种好孩子的纯真是多么美好，长大后成为美国人的某种典范，他的慷慨——

莫耶斯　美国白人。

莫里森　——美国白人，因为它是关于白人男性的构建。但对他即哈克有用的是这个永远不被称作男人的成年黑人男子，这个黑人男子是哈克成为一个有道德的人的战场或竞技场。由于与这个从未被称作男人的黑人男子交往，哈克成了有道德的人。马克·吐温值得称道，他设计了一个特别的场景，我们会发现，吉姆有妻儿，他正想方设法回家。哈克也在设法回到他的地盘，设法回家。这时，发生了一件可怕的小事，吉姆让女儿关上门，她不关，他又说了一遍，可她还是不关。于是他生气了，打了她，后来发现原来她病了，得了脊髓膜炎什么的，还失去了听力。吉姆在反思这件事，就把这件事说给哈克听。瞬间，这个人便有了情境。

莫耶斯　嗯嗯。他有家庭——

莫里森　他有家庭。

莫耶斯　——他有情感，比如——

莫里森　情感。这对哈克来说，难以接受。谁会知道，这些人对孩子的看法竟然和我们一样。这是个新发现。

莫耶斯　　您早些时候说过，就是我们此次交流之前，我们聊过电影《光荣战役》(Glory)，提到过一个表示他们有家庭的情节，是这些黑人士兵获得报酬的时候。

莫里森　　确实如此。他们说："我们需要钱。"我的意思是："我有家庭。"但这些人正在打仗，命悬一线，并且愿意为了重要的事业——自由而牺牲，但这从未被置于具体的情境中加以考量。在人们眼中，他们没有孩子、妻子、阿姨、母亲。他们是家庭中的一分子，但这不重要，因为他们被视作没有责任感、也不对家人负有责任的人。这与黑人的现实生活完全不符，对黑人来说，家庭和亲情最为重要。对于传统的黑人来说，家庭之外没有所谓的生活。

莫耶斯　　艺术家应当承载我们的道德想象力。我感到吃惊的是，在1940年代到1950年代，也就是内战前夕，废奴和奴隶制爆发冲突的阶段，美国小说家的作品并未涉及这些问题。霍桑正在写欧洲哥特式小说，书中有废墟、鬼魂和超自然现象。詹姆斯·费尼莫尔·库柏正在创作以原始森林为背景的畅销书。事实上，内战前最为畅销的小说乃是女性书写勇敢孤儿的伤感故事。你们黑人却不曾出现在当时的小说中。您是如何理解这样的情况？

莫里森　　噢，他们在小说中出现过。出现过的。他们无处不在。他们隐藏在霍桑的黑暗力量中。他们存在于所有的黑暗符号里。他们萦绕在他的心头。他受到什么困扰？犯了什么错？真正困扰霍桑一生的罪责是什么？他们就在那儿。

莫耶斯　　您觉得是这样？

莫里森　　这一切又在费尼莫尔·库柏身上发生。我想就是这样。我不在意他让这个故事发展到什么程度。小说家和作家洞察世界上的主要潮流。这在梅尔维尔的作品中出现过，在坡的作品中比比皆是。

莫耶斯　　可黑人出现时并没有——

莫里森　　嗯，唉。

莫耶斯　　——背景，也没有家人——

莫里森　　的确，他们的形象很单薄。唉。

莫耶斯　　——没有情感。

莫里森　　没错。这些人物遭到诋毁、嘲讽和不实的描述。设计这些角色，将其构建为无政府状态、失败情形、非法性行为的外部表征，以及所有他们担忧的负面事物都被投射到他们的存在上。于是，你会发现巨大的差距、竭力的逃避和极度的不稳定。这样就不太可能在 19 世纪美国的书中找到一个真正有血有肉复杂的黑人。梅尔维尔可能做得挺到位了，他的作品呈现了某种经典的复杂性，但里面还没有真正有血有肉的人。

莫耶斯　　就像您之前所说，他们是符号，他们是——
莫里森　　符号，进一步来说，是复杂的符号。

莫耶斯　　——影子，后面墙上、洞穴后面的影子。
莫里森　　但他在第一个场景中就和他一起睡觉了。以实玛利和奎奎格睡在一起。《白鲸》中每个白人都有一个黑人兄弟。他们被配成一对。费达拉是亚哈的影子。奎奎格是以实玛利的影子。他们都有个伙伴，在全书始末一同工作。所以，我的意思是，即使不存在现实的表征，你还是能在比方说《汤姆叔叔的小屋》里找到某种同情的表征，但信息、潜文本信息很丰富，他们的言语都有自反意义，都在虚构美国白人男性。

莫耶斯　　这种张力，这种美国经验的宿命，其实，从最初，在费城人们不承认黑人的存在时，也就是宪法正在起草时就出现了——
莫里森　　嗯嗯，没错。

莫耶斯　　——不曾改变——嗯,我记得您用"无法言说"来描述这种状况——

莫里森　　未经言说之事。

莫耶斯　　无法言说之事未经言说。我们总是通过他人来定义自己。

莫里森　　确实如此。

莫耶斯　　即使没有被言说,这种深入的心灵斗争仍在继续——

莫里森　　没错。

莫耶斯　　——去看还是不去看这个他者。

莫里森　　是的。它真的可能变得很病态。很疯狂。

莫耶斯　　从什么意义上而言?

莫里森　　嗯,当你想到一个人需要接受什么样的指导才能成为种族主义者,或一个人接受什么样的指导才能沦为种族主义牺牲品,这的确很伤人。我想说,这给人带来的不是些许不安。而是——我觉得,达到临床的程度。这——就好像——

莫耶斯　　需要进行一场内战手术来解救大家。

莫里森　　可不是嘛?它对于个人的影响是,可以这么说:

"这不是你的手,这只手不属于你。它长在你身上,但和你没关系。"我觉得这很有道理。那么我的做法是,它脱落了,然后,又萎缩了。我要想想与之相关的东西。这是我身上的一部分真的与我分离。这是政治体真的在分裂。种族主义的历史没那么悠久。我的意思是,它似乎一直存在,但其实只有,比方说,一千年?人类得有,四百万年了吧?它不是不变的恒星。

莫耶斯　有意思的是,奴隶制比种族主义出现的时间更早。
莫里森　那是啊。

莫耶斯　嗯。
莫里森　这就是为什么在我们国家存在两难的困境,那是因为奴隶制有双重罪恶,每个人都对此有所了解。每个人的祖先都对此有所了解。自己的生活中存在他者,不能消失,不能从身边走过,不能——无论他身在何处,都是一个符号,提醒着人们奴隶制的存在,堕落的存在,耻辱的存在,以及与种族的关联。这样的情况依旧存在。没有改变。

莫耶斯　您说这深深地影响了文学——
莫里森　哦,当然了。

莫耶斯　　——19世纪的逃避主义文学,某种意义上说,当时这些才华横溢的作家——他们的确创作出一系列优美的作品——

莫里森　　没错。

莫耶斯　　——他们写出极具浪漫主义色彩的小说,我指的是滑稽角色小说——

莫里森　　不是这样,但——

莫耶斯　　——他们就在想象中,而我们不在。

莫里森　　——不。那里曾有一个伊甸园,人们希望这个伊甸园不会堕落,不会坍塌。美国是大家的伊甸园。它很漂亮,而且被视作杳无人烟之地,尽管并非如此。我在伯纳德·贝林的作品中曾读到一些东西,里面说,他买下这片土地——这一大片被当作荒无人烟的土地,周围都是野蛮人的部落。于是我们就有了这片无人居住的土地。

莫耶斯　　一片空地。

莫里森　　对,一片空地。于是,当然啦,他们得填东西进去。他们来的时候是梦想家。人们得记住,我觉得,一遍又一遍地记住他们正在逃避的事。

莫耶斯　　比方说?

莫里森　　贫穷、屈辱、监禁、卖淫。我的意思是，他们中一些人是好职员，但他们是——其中一些人没有奔向自由。反而与自由背道而驰，我指的是，他们逃离被清教徒视作堕落的东西，设法了结它，所以他们可能受到了纪律的约束和遏制。

莫耶斯　　佐治亚州，和澳大利亚一样，是由——他们不希望佐治亚州是这样的，但历史事实改变不了，洗心革面的债务人、从前的囚犯和罪犯最先在这里定居。

莫里森　　是的。就是这样。现在，所有到这里来的人都了解这一点，最终，或许奴隶制对经济的发展一无是处。但要促成一名美国人的诞生，你得让来自不同阶层、不同国家、使用不同语言的人彼此亲近。在这种情况下，意大利农民得跟德国市民说些什么，爱尔兰农民又得对拉脱维亚人说些什么呢？那个，实际上，他们有分裂的倾向。但他们都能做到的是不要成为一名黑人。因此，每位移民下船后很快会学到"黑鬼"这个词，这点并非巧合。他通过这种方式同国家建立统一、团结和联盟。这是个标记。就是这个。

莫耶斯　　您认为这满足了心灵上的什么需要？

莫里森　　嗯，这些人很害怕。我的意思是，我会感到很害怕。你去了个陌生的国度；或许你在那儿有几个朋友。你需要一份工作。你已经断了自己的后路。在自己国家,你说了一些不该说的话。你离开自己的国家,移居别处。被迫如此。眼前一片混乱。面对这种混乱时,你得说出它,或者反对它,或以某种方式遏制它。所以你想要跟随这个流行的观点,你想要跟风。人们很快就会知道自己要跟随什么样的群体。你要跟随这个无处不在的非黑人群体。这管用。还真管用。这一直在经济上帮助了这个国家的很多人。

莫耶斯   这点我可以理解,可我不明白的是,作者为何不能跨越疆界,将他者写入小说。虽然我不想冒险读透过去——

莫里森   那是当然,当然。

莫耶斯   ——某一时刻的风俗、想象和洞见。

莫里森   20世纪的。但我觉得他们中很多人都这么做了。在我看来,薇拉·凯瑟写的那本书,虽然写得比较晚,大约1938、1939、1940年的样子,但她的生活、她的写作生命仍然得到了扩展。比这本书出现更早的《萨菲拉和奴隶女孩》(*Sapphira and the Slave Girl*),我认为这是真正尝试谈论权力、嫉妒、他者化、进入他者过程的作品。在她设计的冲突中,有位身患疾病、瘫痪的白人女主人和她即将成为女人的年轻仆人，而她虚构了一些诡异的情节，这些事件没有在这个女孩和她丈夫之间发生，而是让女主人的亲戚强暴、引诱并毁灭女孩。这本书不好懂，读起来有点困难，但里面有个例子，一个女人——我认为，女性比男性更容易设计这样的情节。

莫耶斯　为什么呢？

莫里森　我也不知道。我想也许她们已经被他者化了。

莫耶斯　嗯。

莫里森　你再看下女性文学，我想说，哈丽特·比彻·斯托是女性。凯瑟也是。格特鲁德·斯坦因也是。我的意思是，卡森·麦卡勒斯和其他人的作品中，她们这样做的可能性更大——尤其是南方女性。真有意思。弗兰纳里·奥康纳。我是说，她们这样写作时——

莫耶斯　尤多拉·韦尔蒂。

莫里森　——尤多拉·韦尔蒂。有些东西——我知道这样大范围的概括会被证明有误，但我还是认为，现有文学作品中存在一个创作空间——里面要么是个复杂的黑人，要么是白人和黑人间不太和谐的关系，创作出这些内容的通常是女性，不可思议的是，她们中有不少在南方生活。我觉得这很有意思。

莫耶斯　　那里为什么会出现截然不同的创作思路？

莫里森　　我想这是亲密感所致。

莫耶斯　　哦？

莫里森　　我的意思是，那个，从历史上来看，南方的亲密感和距离感很可能比北方复杂很多，那里有许多幻想、错觉和逃避，我是说，那个，由于其构建方式不同，在北方，你可能某种程度上躲在狠毒的种族主义身后。在南方，这几乎不可能。

莫耶斯　　我并非说这是个棘手的问题，只是想到，您能不能写出一部黑人处于舞台边缘的小说？

莫里森　　当然能啦。

莫耶斯　　您觉得公众会让您这样做，因为人们期待您写出——您在小说中书写黑人，已经赢得了盛名并做出卓著的贡献，以至于他们现在就等着您写黑人。

莫里森　　我会的，但我不会明写。这是区别所在。《宠儿》中有两个片段，我曾尝试这么做，我设计了两个人交谈的场景，两个黑人在交谈。其他人进入这个场景，没有讲明他们是黑人或白人。但读者马上就明白了。并非我采用刻板印象的传统语言。这两个片段中，一个是保罗·D. 和塞丝在街上走，他碰了碰她的肩膀，带她下了人行道走到马路上，因为有三个女人正在这条道上走。就这么多，但你应该已经知道那些女人是什么样的人。还有一段，他有点绝望，和一个朋友聊着天，一个男人上马问道："瓦莱丽——我不知道她叫什么名字——在哪里？"他直呼这个女人的名字。"她不在这附近住吗？"黑人的反应告诉你，他是白人，但我没说。所以我真正想做和希望去做的就是你说的这些事，但我不围绕白人写。我的作品是关于黑人的。但我不必像所有19世纪小说的作家所做的那样。他们总是把这点明说。我的意思是，他们不说"朱庇特走进房间"或是"玛丽"，说的是"黑鬼""奴隶""黑人"这一类的。它总是需要自己的修饰语。你把修饰语拿掉，再看看。要是你有——要是薇拉·凯瑟给她的书起名为《萨菲拉和南希》，那整个书就不一样了。我的意思是，策略不同，权力关系不同。但她起的是《萨菲拉和奴隶女孩》。标题中没有她的名字。

莫耶斯　　事实上，您说的时候，我现在想起，我读过的那个时期作品里，黑人总是被称作"这个家伙"。

莫里森　　没错。

莫耶斯　　是的。没有名字，只是物体，一个名词。

莫里森　　没有名字，没错。

莫耶斯　　"黑鬼""奴隶""女黑鬼"。

莫里森　　就是这样。确实如此。没错。或者前面加上"我的"。去年，我给我的学生出了个难题，让他们看看能否找到某本19世纪的小说，里面有称谓中不用所有格代词、只被称作"男人"的黑人男子，或者有没同黑人女性一起出现、不用区分性别的黑人男子。只要找到一篇这样的作品，我就请你吃饭，我说。

莫耶斯　　您有没有破费呢——

莫里森　　呃呵，目前还没有。

莫耶斯　　——还没。

莫里森　　呃呵。但要是我写了本书而且我能做到这一点，无论这对这本书的读者意味着什么，他们都不会感到困惑。这将成为我工作的一部分。不过试想，若是不必老是跟读者解释角色的种族，这对我以及我与语言和文本的关系意味着什么？在我眼中，他们都是黑人，或美国非裔，或什么其他的词。如果我不必强调这些了。

莫耶斯　　（画外音）以上是在纽约公共图书馆对托妮·莫里森的采访。我是比尔·莫耶斯。

我这辈子都不会写任何主义类小说。我不写主义小说。

THE SALON INTERVIEW: TONI MORRISON

沙龙访谈：托妮·莫里森

采访者
齐亚·贾弗里

沙龙网（Salon）
1998 年 2 月 3 日

苏豪区的公寓里，我见到了托妮·莫里森。她帮我挂起外套，给我倒了杯饮料，然后我们聊了起来。我立即感受到房间里的那种平和——她在专注地倾听。克诺夫出版社最近出版了莫里森的第七部小说《天堂》，在我们谈话的过程中，她的手机铃声此起彼伏，都是关于这本书收到的各种评论的消息，有她儿子打来的，有她姐姐打来的，还有她朋友打来的。她不紧不慢、深思熟虑地回应着，泰然处之。《天堂》以令人瞠目结舌的句子开头——"他们先射杀了这个白人女孩"，讲述了1970年代一群黑人男子为了维护其位于俄克拉荷马州的小镇的荣誉而接连杀死好几个女人的故事；他们视这些女人为堕落的人，对他们的道德生活产生了难以控制的影响。这本书扣人心弦、打动人心，可被列入她的最佳作品。

托妮·莫里森于1931年出生在俄亥俄州洛雷恩。她在霍华德大学完成本科学习，随后在康奈尔大学获得英语硕士学位，在此期间完成了研究威廉·福克纳的硕士论文。1969年，她出版了自己的首部小说《最蓝的眼睛》，接着在1973年又出版了《秀拉》。这之后，她出版了小说《所罗门之歌》(1977)，该书曾获美国国家书评人协会小说奖，以及小说《柏油娃娃》(1981)、戏剧《梦见埃米特》(1985)和小说《宠儿》(1987)，《宠儿》曾于1988年摘得普利策奖桂冠。1992年，莫里森推出新作《爵士乐》，次年，她荣获诺贝尔文学奖。去年，她与克劳迪娅·布罗德斯基·拉库尔（Claudia Brodsky Lacour）合作编辑了《一个国家的诞生：O. J. 辛普森案件中的凝视、脚本和景观》(*Birth of a Nation'hood: Gaze, Script, and Spectacle in the O. J. Simpson Case*) 一书。莫里森担任兰登书屋编辑多年，现于普林斯顿大学教授小说写作。

贾弗里 您读过对您作品的评论吗？

莫里森 嗯，读过。

贾弗里 您如何看待《纽约时报》上刊登的角谷美智子对《天堂》的强烈负面评论？

莫里森 嗯，我料到对这本书的内容或内涵会有不同的理解。可能有人更愿从某个特定的角度来解读它。《纽约时报》的每日评论对这本书的评价特别不客气。我觉得，其实，这个评论在瞎写。不友好的评论会让人短时间内不舒服；而瞎写的评论则非常非常伤人。那个评论者没好好读过这本书。

贾弗里 难道您不觉得自己需要屏蔽这类评论吗？

莫里森 这是屏蔽不了的。

贾弗里 您需要知道这些人在说什么吗？

莫里森 据我所知，有些作者认为，在他们的创作过程中，不看任何评论或负面评论，或者将这样的评论过滤，对他们来说更有益，因为有时这些评论对他们不利。我不认同这种将自己同评论隔离的做法。我很好奇，在这个国家，人们如何看待和书写美国非裔文学。这是场漫长而又艰苦的斗争，还有很多事要做。

我对如何评价和理解女性小说非常感兴趣。最好就是去读我自己写的评论，因为这些评论不会谈我该怎么写。我的意思是，这些评论不会影响我的创作。我完全不必受他人观点——比如我该怎么写、我该怎么好好地写——不必受这些观点的左右来写东西。这样就不会对我产生那种不好的影响。不过，我很关注总体的反响。到目前为止，评论中有些非常奇特、很有意思的观点。

贾弗里 有些人称《天堂》为"女权主义小说"。您同意这种说法吗？

莫里森 不同意。我这辈子都不会写任何主义类小说。我不写主义小说。

贾弗里 为什么要同女权主义保持距离呢？

莫里森 为了尽可能地保持自己的想象自由，我不能采取封闭的立场。我在写作的世界中所做的一切都是为了拓展表达的范围，而非将其禁锢，打开各扇大门，有时，连书本也不合上——开放结局能让读者重新阐释、重访作品，能保留一点含混性。我讨厌甚至厌恶（这类作品）。我觉得，这会引起一些读者的反感，让他们觉得我参与编写了某种女权主义宣传册。我不支持父权制，但我也不认为它应被母权制所取代。在我看来，这是个公平准入的问题，要向各类事物敞开大门。

贾弗里 可能是这本书里女性角色众多，所以很容易给它贴上这样的标签。

莫里森 没错。这种事不会发生在白人男性作家身上。没人会说索尔仁尼琴只写俄罗斯人，他怎么这样？他怎么不写写佛蒙特州？要是你有本书，里面全是男性角色，女性角色只是次要人物——

贾弗里 没人会察觉到这一点。没人会觉得海明威处理女性角色方面有什么大问题。

莫里森 没人会觉得有问题。

贾弗里 《天堂》中不少男性角色都有严重的问题。您是否认为他们都是道德坚定的人物？

莫里森 我觉得，最接近我对道德问题思考的人物是年轻的米斯纳牧师。他与自己的宗教信条、民权压力、民权丧失作着激烈的斗争。

贾弗里　他担心年轻一代。

莫里森　是的,年轻一代。他很担心他们被噤声,实际上,他很可能是对的,人们曾对他们抱有很高的期望,但突然间,没有了声音,他们就被噤声了。

贾弗里　他就像《安娜·卡列尼娜》中的列文。

莫里森　没错。

贾弗里　同道德作斗争——

莫里森　他对一切不抱乐观态度,但他想开放讨论。他想做一件可怕的事,就是倾听孩子们的心声。有评论曾两次提到或表示人们不会去好好研究《天堂》,因为这里面谈到的是个无关紧要的智识话题,即宗教。

贾弗里　《天堂》也被称作"难懂"的书。

莫里森　当我得知这本书"难懂",我感到震惊不已,这让我无语。没人在学校愿意谈论这些当下未发生的问题。

贾弗里　他们也是这么评论唐·德里罗的一本书,是因为其中涉及邪教吗?

莫里森　不,我觉得那是另一种情况。期待不同。我认为,他们对黑人文学有着不同的期待。

贾弗里　　您的意思是，他们希望您创作他们有所了解的问题？

莫里森　　而且还会说："一切都会好起来的，不该责怪他人。"我不是在抱怨谁。只是想盯着某个东西看，看清楚它的样子，或它原本可能的模样，以及这同我们现在的生活方式有何关联。对我来说，小说始终都是种探究的方式。

贾弗里　　您成长过程中是否与"女权主义"这个词有过某种联系，又是否先将自己看作黑人再看作女性？

莫里森　　我想我的成长过程融合了"黑人"和"女权主义者"这两个词，因为我周围的黑人女性都很坚强，还很好强，她们总是觉得自己既要工作，又要养孩子，还要管好家。她们对女儿的期望很高，对我们不留情面。我从来没想过那是女权主义举动。那个，我母亲会步行来到小镇上刚刚开张的剧院，来确认这里有没有实行种族隔离——这头是黑人，那头是白人。剧院的门一开，她第一个进去，看看引座员把她带到哪里，然后四下张望，发发牢骚。这是她的日常活动，男人们也是这样。所以我觉得，她不会退出这种与主流社会的对抗。她是女性，但这个事实不会妨碍她的行动。她想知道去看电影的孩子们——黑人孩子们——和她女儿们、儿子们的身上会发生什么事。我周围都是些认真对待这两种角色的人。后来，这种行为被称作"女权主义"行为。早些时候，我不太喜欢这样的界定。我写了些关于这方面的文章，我还写了《秀拉》，这部作品实际上基于一个全新的理念，即：女性应该彼此成为朋友。在我长大的社区中，女性总是选择女性朋友而非男性的陪伴。从这点来说，她们真的是"姐妹"。

贾弗里　　您有女性作家朋友吗？您觉得有必要找这样的伴儿吗？

莫里森　　我的作家朋友真的不多。我有几个要好的作家朋友，但那是因为他们太了不起了。我觉得，写作是友谊的附带收获。我觉得有趣的是，黑人女性的书开始流行时，似乎有条没有明说、未经讨论的总规则发挥着指导作用，那就是：别出那些互掐的东西。我们确实可以不受约束地讨厌彼此的作品。但没人会去争论"谁是最优秀的"这个问题。我们完美地规避了竞争。我不时会看到一篇评论——一位黑人女评论家，一般是评论家，对另一位黑人女作家进行评论——通常是文化批评领域的评论。因为众所周知这是个空间开阔的高原。

贾弗里　　您有没有注意到这些年里对您作品批评的声音发生了变化？

莫里森　　我注意到了。随着时间的推移，他们变得更有头脑，更加敏感，克服了以前的一些惰性。某个阶段，我的书还有其他人的书都被当作社会学发现。这是否是对黑人家庭的最佳观察？记得有一次《纽约客》上的评论，我记得那是针对《宠儿》的，评论者开始点评，花了很多时间谈论比尔·科斯比的电视节目——将那上面的黑人家庭同《宠儿》里的家庭相比较。这太不恰当了。还有一次《纽约书评》对我和其他两位黑人作家进行评论。我们三个人写的东西没什么相似的地方，但是因为肤色我们被放在了一起，最后点评者从三本书中选出最好的那本。她选了一个，可能是（最好的），但选中那本书的原因是它更像"真正的"黑人作品。这实在让人沮丧。所以，要是你遇到那种荒唐事，别太在意，继续努力吧。

贾弗里 您对同性恋文学、印第安文学、黑人文学和黑人女性文学的发展是否持支持的态度？

莫里森 嗯，绝对支持。这种发展改变着一切。虽然可能需要更长的时间；市场营销左右着我们对这些书的看法。一些美国原住民作家喜欢别人这么叫他们。我有个学生是美国原住民，我对他说："你很难让自己的书被市场接受，因为里面没有鹿皮靴，也没有印第安战斧。"真的就是这样。他遇到了大麻烦。我的意思是，他多次投稿，我不想透露有多少次，但最终这本书还是出版了，这是他的第一本小说——评价颇高——但问题是多次被拒，这是因为在这个例子中，人们没有将美国原住民视为美国人。

贾弗里 您在普林斯顿大学教写作。写作可以教？

莫里森 我认为写作的某些方面可以教。当然了，你不能指望老师教你想象力或天赋。但你能宽慰学生。

贾弗里 或是帮助学生树立信心？

莫里森 唉，对此我无能为力。我挺严厉的。只是告诉学生：你得这么做，我不想听到抱怨，说这有多难。嗯，我不能容忍这些，因为大多数写作的人都承受着巨大的压力，我也是。因此，抱怨自己无法做到，这很荒谬。我擅长的是我以前所做的编辑工作。我能跟随他们的思路，观察他们的语言走向，提出其他解决的路径。我能做这方面的工作，做得很好。我喜欢编辑稿子。

贾弗里 您如何兼顾编辑、作家和母亲三重身份？

莫里森 回想过去，那时我的孩子们还小，我还要每天去办公室，我都不知道是怎么过来的。为什么要同时做这么多事？部分是因为我觉得自己是养家的人，所以我得做所有能让我独立养家的事。但写作是我自己的，所以我悄悄地进行。我悄悄地远离这个世界。

贾弗里　　那您什么时候写东西呢?

莫里森　　大清早,他们起床之前。我晚上状态不太好。写不了多少东西。但我喜欢早起,所以我干脆早上写,周末也写。夏天的时候,孩子们会去俄亥俄州我父母那里,我姐姐住在那儿——我们一家都住在那儿——我整个夏天都在写东西。我就是这样写完作品的。现在看来有点疯狂,但每当我想到普通女性的生活——同时做几件事——就觉得我的生活也没什么差别。她们尽其所能,让生活井井有条。你学会如何利用时间。不用在洗碗的时候去学洗碗。因为你已经知道怎么洗了。所以,你在洗碗的同时也在思考。那个,它不会让人太费心思。或许是在坐地铁的时候。光是在那辆拥挤的车厢里思考人物,我就能解决不少文学问题,在那里你做不了其他事。哦,你可以阅读报纸,但你还可以更进一步。接下来,我会想,那她会这么做吗?有时我真的有了新灵感。到了上班的地方后,就会把它记下来,这样我就忘不掉了。这种丰富的内心生活是我为角色和我自己设计的,因为心潮总在涌动。充分利用时间。就能省下时间去做其他的事。尽管如此,我的事情还是很多,我的意思是,我不太出门。

贾弗里　　洛伊丝是谁?您的书是献给洛伊丝的。

莫里森　　我姐姐。就是刚打电话的那个人。(笑声)

贾弗里　　　您在克诺夫出版社的编辑是谁?

莫里森　　　我有两个编辑。

贾弗里　　　埃罗尔·麦克唐纳（Erroll McDonald）和桑尼·梅塔（Sonny Mehta）?

莫里森　　　是的。罗伯特·戈特利布（Robert Gottlieb）曾是我的编辑，他从我的第一本书一直编辑到《宠儿》。后来他去《纽约客》工作了。我就得换个编辑。大家都说："你不需要编辑，不是吗?"我说："不，我需要。我做过编辑，我知道一个好编辑有多重要。"我是说，一个可以对谈的人。罗伯特在这方面很擅长。我从与他的交流中学到很多东西。他很风趣，有学识，真正帮你做判断——这不仅是在手稿的页边空白处做批注，而是……

贾弗里　　　宏观思维?

莫里森　　　没错。桑尼在他之后来了克诺夫出版社——我很喜欢桑尼，他在图书和出版方面有着过人的才干。但他是克诺夫的总裁。鲍勃·戈特利布也是总裁，但他是唯一编辑稿件的总裁，对稿件进行修改润色。桑尼不做这个。我的意思是，他不用做这个。大多数总裁都不做这个。但我想要一个——

贾弗里　　　有这样能力的——

莫里森　是的。他们问我:"你想要什么样的人员配置?"尽管埃罗尔·麦克唐纳在众神殿出版社工作。

贾弗里　所以埃罗尔是您真正的编辑?

莫里森　他是我的……是的。我的防线。他的能力无可挑剔;他特别优秀,天哪,他博览群书,人脉广。他能从出版社内部监督这本书,看看人们在做什么——封面设计和材质、纸张以及所有那些重要的东西。我参与了《爵士乐》这几方面编辑的工作,所以他在这本书上没做多少这方面的工作。到了《天堂》这本书,我写好100页就发给他,然后收到他的反馈。所以工作强度不太一样,因为我的稿件是在不同情况下提交的。

贾弗里　那么,事实上,他对全部稿件进行了润色编辑,还是不加任何干涉?

莫里森　他给我写了封有意思的长信。信中提到,哪些地方很突出,哪些地方做得好,哪些地方让他费解,哪些方面实在差劲,反馈这类信息。这正是你想要的。

贾弗里　您曾表示,我记得是在《泰晤士报》上说的,您觉得《天堂》还没写好。

莫里森　我一直是这样看待它们,我的这些作品。多年后,我读到它们,或在公共场合读到它们,会说……

贾弗里　　"应该这么写……"

莫里森　　或"不应该这样写",或者也许是指某一行。我会一直这么做。

贾弗里　　就《天堂》而言,您觉得——

莫里森　　我本可以做什么?我想要另一种与帕特丽莎的对抗,她将家谱保存起来。

贾弗里　　是的,最后统统给烧了。

莫里森　　还有一些年轻女性。那个,就像安娜一样。她与米斯纳牧师发生冲突——但你了解她以及他们对她的看法,她有自己的想法。她是某人的女儿,而这个人被人们瞧不起,所以她有自己的小算盘。她在重估一切,并了解到一些关于这个小镇的,在她看来,不好的事情。

贾弗里　　有朋友对我说:"你干吗不问下托妮·莫里森,什么让她生大气了?"

莫里森　　其实,我不(气)了。这事儿非常非常奇怪。今年夏天,我跟人说,我到了某个(转折点),我也不知道那是什么,真的。因为我现在不气了——我觉得挺难过的。这让我不好受。真的不好受。我最近确实对(书中的)这个女儿很生气。以前我从没对那些不出现在我现实生活中的人那么生气。我只对某些事生气，回头继续工作。可是我竟然对贾斯蒂娜挺来气的。

贾弗里 贾斯蒂娜？

莫里森 就是那个小女孩，她的母亲帮助情人杀死了她。

贾弗里 哦，天哪！《纽约邮报》上的那个，原来是她。

莫里森 让我感到无比愤怒的地方是，她说她在快被淹死时握着她的手。

贾弗里 这确实是最可怕的地方。

莫里森 我一直在想这个地方，想啊想，想得我兴奋起来。对，我真的很想把她，那个孩子，写下来。因此，我对类似的事情愤怒不已，但总的来说，我想这和我过了64岁有关，你会感到有点忧郁。

贾弗里 忧郁——意味着您的反应是逆来顺受或处于被动？

莫里森 这是超负荷。当你到了我这个岁数，努力做四件好事，然后就不做了。我甚至告诉我的学生：四件事。改变除自己之外的一些事。

贾弗里 哪四件事？

莫里森 我做的？

贾弗里　比方说，去年做的？

莫里森　嗯，我觉得这本书是一件，（我的教学）是另一件，还有两件，我不想说。

贾弗里　可以聊会儿 O. J. 吗？

莫里森　（笑）

贾弗里　"黑人非理性"指的是什么？

莫里森　这个案件是个有市场价值的故事。这个故事由黑人非理性、黑人狡猾、黑人愚蠢和黑人剥削者组成。这是全部内容。因此，如果你将黑人非理性拿掉，就没什么故事好讲了。特别是黑人男子，以及一般情况下的黑人，应当是反面教材，没道理可言。我们总被认为非理性、情绪化、脑子不好。因此，要是有人被主流世界接受，但不是这个样子，那么这个人可能会重新陷入混乱，这样的威胁始终存在。这不仅发生在这个案子中，还在舞台上上演，尽管几乎所有的事情——叙事、故事中都会出现这样的情况，尤其是关于黑人男子的故事。所以让我担心的不是我那一点预感……

贾弗里　可您写道，您预感他是无辜的。

莫里森　绝对清白。鉴于"动机"和"机会"，我很确信这一点。40分钟。

贾弗里	40分钟。您是说,怎么可能在这么短的时间里作案?
莫里森	嗯,我相信,从科学角度的来说,这办得到,但这太不合理。确实没大可能。

贾弗里	现实中不可能?
莫里森	可能性不是没有。

贾弗里	你是说得有两个人或类似事物? 请谈谈您的推测。
莫里森	我没有什么推测。

贾弗里	他有这些梦之队的律师,但他们甚至不愿——
莫里森	是的。他们决定通过法律手段为他开脱罪行,而不是制造另一个——电视节目会找到有问题的一方。但这并非法律系统运作方式。剩下的就是,大家都心知肚明——这个案子涉及很多资金。有人有工作了,整个行业开始运转。问题浮出水面。我想有一天我们会了解很多内情。

贾弗里	孩子们——我搞不懂他们怎么什么也没听到。
莫里森	他们听到自己的母亲在哭。

贾弗里	可是后来什么也没听到,这个暴力事件,还有狗叫……
莫里森	是的,这是个非常复杂、诡异的案件。他自己也没

法澄清很多事。但我觉得这有点像……那个，就像妓女在法庭上无法让人相信她被强奸一样，因为，嗨，她们是妓女。两者类似。如果你深入追查，尽力找出是否有人干了这件事，那是你应该做的。但真相始终没有浮出水面，部分原因不仅在于辩护团队的成功辩护，还在于媒体的层层掩盖。其他问题都被遮掩了。

贾弗里 换个问题：当代作家中，您想读谁的作品？

莫里森 嗯。马尔克斯。他的作品我都读过。彼得·凯里的书我断断续续读过，现在还一直读。我读过品钦。我买了那些书，原价买的。其他的？杰梅卡·金凯德出了本新书，我还没读。我很喜欢她的作品。非常喜欢。她的作品深刻又充满美感。

贾弗里 您有再婚的打算吗？我想问的是，您的婚姻是否改变了您对婚姻的看法？

莫里森 没有改变，我觉得婚姻挺好的。结婚这个想法。最好父母双方都在，为孩子们提供一些东西。但如果这就是全部，如果只有父母，就没那么好了。这种闭塞的状态不是很好。我倒希望同家族的所有成员建立广泛的联系，而非……因为，通常，婚姻，只是那个小家庭，我不太喜欢。但我从结婚和离婚中学到了很多。我觉得女性都会从中学到很多。她们并不知道自己学到东西了。我记得有次和几位朋友围坐在一起，她们都有过离婚或分居的经历，或正处于第二次或第三次婚姻，都有过——破裂的关系。我说："那个，我估计我们都会说这是段失败的经历。但我想问问大家：'你们学到了什么？虽然这段关系破裂，但这过程中难道没有很可贵的东西吗？'"她们开始思考，我也开始思考；她们说了些很棒的事。一位朋友说："我学会了如何交谈。我第一次学会了交谈。"另一位朋友说："我学会了高超的组织协调技能。年轻时，我不太会持家。"她的丈夫更不会。所以，为了在一起生活，她必须学会持家。这种技能她一直在用。所以我说，那个，咱们不要总把这些——无论这些关系持续多长时间，因为它们不会一直持续——视为失败的经历。当它们不再是失败的经历，你就从中学到了一些东西。

贾弗里 那您学到什么教训没有？

莫里森 我学会拥有高度的自尊。尽管关系的破裂意味着相反情况的发生。对我而言，我得站起来。我想在工作上加薪。但他们给我加的是为女性加的微薄的薪酬，我会告诉他们："不行。加得实在太少了。"他们会说："可……"我会说："唉，你们不了解我的情况。作为一家之主，你知道自己想要什么。这也是我想要的。我想要一样的待遇。"我现在在做正事。这不是小女孩过家家玩游戏。也不是家庭主妇随便玩玩。这是件严肃的事情。我要养家，必须上班挣钱养孩子。

你不能总是为孩子们解释（离婚）。他们会有怨言。毕竟只有十多岁。当然啦，现在的他们成了讨人喜欢的人，即使他们不再是我的小宝贝，我也会爱他们。可当他们还小，五六岁的时候，并不明白这是怎么回事。我从来都没说过他们父亲的坏话，从来没有，因为他们之间的关系另当别论。我不会那么做。也许我是错的。我不想把这方面的负担强加在他们身上。我不想让他们做选择。

贾弗里 您在抚养儿子时，是否尽力保护或引导他们解决可能遇到的种族问题？

莫里森 没有，我在这方面挺失败的。事实上，非常失败。我有孩子出生在 1968 年。我本以为他们不会重复我的经历。我的意思是，肯定还会有政治问题，富人和穷人等，但他们不会再遭受我的兄弟姐妹和我曾遭遇的那种仇恨和蔑视，或者比我母亲遇到的更糟的情况，或者比我母亲的母亲遇到的更糟的情况。情况在好转。没有得到彻底改变，甚至没有多少好转，但某种程度上他们不会遇到以前那么糟糕的情况。可我真的错了。

贾弗里　因为 1980 年代到了……

莫里森　连黑人男孩也被定罪。因此我一直担心他们的生命安全，因为他们在哪里都是攻击目标。现在他们还是。我想说，要是你发现警察还会说他们觉得条状糖果是把枪，或者他们觉得是什么就是什么——要是他们从背后射杀的是个白人孩子，事情永远都不会那么顺理成章。他们能对白人孩子的父母说"我觉得它看起来像把枪，但它是块玛氏巧克力棒"？做梦去吧。所以孩子们很不安全。多年来，我想不通这一点。就是那么糟糕。我知道情况真的很糟糕，但我不知道有那么糟糕。

贾弗里　您两个儿子有没有去您的母校霍华德大学读书？

莫里森　一个去了霍华德。学建筑。但不喜欢。觉得这不是学建筑最好的地方。这只是他个人对建筑学院的看法。不过他们并不反对去那样的地方……和我不太一样，他们更关注哪所学校在他们想学的领域实力最强，而不是社会学的成见等。我对此表示尊重。我有位非常要好的朋友安吉拉·戴维斯，他们小时候就和她认识了。我的闺蜜都是非常独立、进步的女性，他们就是在这样的女性的簇拥中长大的。因此，他们形成了独特的感知，对社会变革之类相当敏感。但我不太清楚怎么会这样，日常生活中，你进了电梯，其他人都出去了……我就是搞不懂。我要是早几年或晚几年养他们,就会对他们说:"瞧好了,现在的情况就是这样。"我会对他们说我父亲一直提醒我的话,"你不住在那里。"

贾弗里　你不住在那里?
莫里森　是的,你生活在他们的想象之外。那儿不是你的家。他们觉得你……

贾弗里　事实上,他们觉得你是,而你不是。
莫里森　没错。你不是。

贾弗里　他是这么说的?真厉害。
莫里森　他是很厉害。见解深刻。上班,挣钱,回家。

贾弗里　他是不是做焊工?
莫里森　是的。所以……这对我很有帮助,因为我看到有人受到种族主义排斥或侮辱时总是觉得他们很可怜。我从来没有好好想过这个问题。我一直觉得这样的人有点智力和情感上的缺陷。我现在还这么看,但我在这方面和孩子们交流得不够。我觉得他们已经承受着痛苦。还是男性。他们有竞争意识,以不同的方式感受着这一点。或许作为女性,你对虐待和侮辱已经习以为常,以至于……

贾弗里 您只是想:"我不提这茬儿。"

莫里森 是的。我都没打算触碰这个问题。但他们不是这样。

贾弗里 他们去面对了。

莫里森 他们尽力。这给他们带来,我觉得,更多的痛苦,比这给我带来的痛苦多。

贾弗里 我的黑人继父最近表示,他建议年轻的黑人男子接受治疗。因为这样的治疗曾帮助过他去面对偏见。我觉得这很有意思。

莫里森 是很有意思。我以前强烈地抱怨过精神病学从不将种族考虑在内。我记得是这么说的,当你头一回意识到自己是个男生或女生,别人教你这样或那样上厕所——所有这些发生在童年的小事——没人和你谈过你发现自己是白人的那一刻,或你发现自己是黑人的那一刻。这是个深刻的启示。一旦你发现这一点,一些事便随之发生。你必须重新协商一切。这是一个重要的心理时刻。它从未被谈论过,除了被当作妄想或是某个恍然大悟时刻。这对白人孩子来说同样具有毁灭性,我在小说中一直读到。当你发现自己是白人的时候。在莉莲·海尔曼(Lillian Hellman)以及任何一位南方作家的作品中,某一刻黑人孩子和白人孩子一起玩耍,而某一刻一切都结束了,因为他们不能再交往。有时这种情况发生在白人孩子和他们的保姆身上。

贾弗里 就好像：我爱这个人，然后，突然间，她转身走了。
莫里森 现在这个人走了。你就不相信自己的直觉了。你的意思是，我喜欢上了一些讨人厌的东西？我喜欢的东西不是我们的同类？其实，我对这样创伤很感兴趣。我曾在一次演讲中提过这个，一些精神病学家还邀请我就这个话题做进一步的演讲。我说："不，你们好好琢磨这个问题吧。"

贾弗里 最近我读到，您的房子曾遭遇过一场大火。您的手稿没事吧？是怎么回事？
莫里森 哦，是有这么回事儿。那是我罗克兰县的房子。是圣诞节的时候壁炉里的火不小心引起的火灾，当时壁炉里燃烧着煤和松枝。花环、残屑、干松针散落在地板上，没被及时清理掉。于是火花蹿到其中一件东西上，又蹿到沙发上，燃烧，当时没人发现。我不在家里。我的一个孩子在家里。他下楼时，火已经烧着了屋顶。于是他报了火警，但那年冬天太冷了，水在管道里被冻住了。我失去了……我手写的……我的一些书幸存下来，但我所有的手稿、旧书笔记都放在我二楼卧室床下的滚轮收纳箱里，那里有点存放空间。火先烧到了这里。事后，我跟人说："我凭什么觉得把这些东西放在身边比把它们放在地下室更安全?"

我的手稿,没多大关系,事实上,我也不会去看了,所以这不会对我造成伤害。但我觉得它们对我的孩子们有价值。是可以传承下去的。但我知道我是不会再看了。再也不会看《最蓝的眼睛》了——它已经出了7个版本。所以我没那么难过。其他人可能对此感兴趣。对我来说,我在意的是我孩子的照片、我的照片、我家人的。我的东西都没了。统统没了。所以,我很遗憾我孩子们的成绩单没了,我的翡翠木和一些衣服没了。

还有一些艾米莉·狄金森的首版、福克纳的首版——我是说,所有你一直保存的东西。大概只有三四十本书,但都增值了。有本关于弗雷德里克·道格拉斯的书——不是第一版,而是英国出的第二版。还有这么多年来的信件。曾经的一切都没了。就不该在这里放东西。没什么好多说的。房子烧了。我失去了很多东西。

贾弗里 您去过非洲吗?
莫里森 没有。

贾弗里 想去吗?
莫里森 很想去,是的。

贾弗里　您觉得去非洲对美国黑人来说重要吗？

莫里森　这个不好说。我们把非洲过于浪漫化了。但或许也是这个原因，去非洲很重要。因为我们很容易被历史的神话、一个富有教益的小故事所吸引。我想去塞内加尔，因为乌斯曼·森贝内给我发出邀请，我特别想去那里。现在，我收到了很多来自南非的邀请。

贾弗里　此时此刻，就像人们注视着1776年一样，但这次由黑人来做决定。

莫里森　这是我下决心要做的事，因为现在，我希望自己能够真正去这里旅行，不是去那里做研究或做我一辈子都在做的事。只是去那里坐一坐，望一望，看一看，说说话。

贾弗里　我在非洲时，写了篇关于真相与和解委员会的文章。出席了温妮·曼德拉的听证会。您是否觉得，情况终于发生了改变，人们可以承认，瞧，温妮·曼德拉问题严重，我们或许不该支持她？

莫里森　一位与曼德拉走得非常近的南非女性过来问我："为什么美国黑人对她很亲近？"她的问题让我很吃惊，因为温妮来这里的时候，为这里的黑人女性带来了正面力量、树立了高尚形象，而且她承受了无法言说的事。被问到这个问题之后，我才开始思考是否人们的双眼被恣意任性的阴影所遮蔽。事实上，这里的许多女性都不会对温妮·曼德拉说任何不敬的话。不会去说。我不清楚自己对她的看法。我对她怀有极大的——坦率地说，极大的——钦佩之情，但这是因为她传奇的人生。她来这里，我见到她时，她留给我的印象很好，很有魅力。之后，当我从非洲人尤其是南非人那里听到其他一些事，我得将其纳入我的考量中。所以现在我很想知道，想知道真相是什么。我是说，她到底是什么样的人？

当然啦，纳尔逊·曼德拉，在我眼中，是这世上独一无二的政治家。从字面意义上来理解，这个独一无二的政治家不诉诸武力来解决所有问题。这点真的很了不起。真的。

这些故事的融合对我来说很有意思——如何从神话中获取大量历史中没有的信息，因为历史由征服者来书写。

NATIONAL VISIONARY LEADERSHIP PROJECT

国家远见卓识者领导力项目

视频采访者
卡米尔·O. 科斯比

2004 年 11 月 5 日

科斯比　　莫里森教授，能否了解下您的出生时间和地点？
莫里森　　我 1931 年出生在俄亥俄州的洛雷恩。

科斯比　　您出生时的姓名是？
莫里森　　克洛艾·沃福德

科斯比　　您双亲的名字是？
莫里森　　我母亲埃拉·拉玛·沃福德，我父亲乔治。

科斯比　　您有几个兄弟姐妹？
莫里森　　两个弟弟，一个姐姐。

科斯比　　请您谈谈洛雷恩的历史，还有 1930 年代到 1940 年代在那里长大的感受。
莫里森　　这里很特别，因为它就在奥伯林附近。俄亥俄州的奥伯林到处都是废奴主义者。这地方的女性能去读大学的时间比其他地方的女性要早。
　　　　　洛雷恩的北部是片工业区，这里聚集了我父母这样很早就从南方过来谋生的人。工业发达。有造船厂、钢铁厂，诸如此类的工厂。还有来自世界各地的移民。所以我去学校的时候，有些同学连英语都不会说。第一代移民、墨西哥人、来自南方的黑人，他们过去称这里是个大熔炉，并以此为荣。那时这里确实是这样。

科斯比　　您的双亲在什么地方出生？

莫里森　　我母亲出生在亚拉巴马州格林维尔，父亲生于佐治亚州卡特斯维尔。

科斯比　　能否分享一些有关您父母的背景情况——他们为什么要离开南方，他们来俄亥俄州之前的生活又是什么样的。

莫里森　　嗯，他们的童年，实际上，相当凄惨。我母亲同她母亲和所有的兄弟姐妹一起离开了家乡，一共七八个人。她们遇到了麻烦，于是离开了亚拉巴马州格林维尔，当时我外婆说她不能再待在那里了，因为白人男孩在她们农场附近转悠。而她家有那么多女孩。那个时候，我不太明白她在说什么。后来，当然，我完全明白了她的意思，因为她的丈夫，我外公，去伯明翰挣钱了，白天工作，还拉小提琴，他就这样挣了钱再把钱寄回来。所以事实上，她独自一人照顾家里所有的孩子——小孩子们。

遇到这种情况她自然会很害怕。于是，她坐上火车，给丈夫捎了个信儿，告诉他，要是想再见到她

们，就在某个时间坐某趟火车。（两人笑起来）

我母亲还记得，上火车时，她们不能让别人发现——于是不得不半夜离开，因为她们是佃农。那些人不会放你们走。她们不确定自己的父亲是否坐上了同一趟火车，火车出站时，她们都在哭，因为没有看到他。可是当火车驶出大约60英里[1]之外时，他竟然出现了。之前他躲起来了。（笑）而我父亲则是因为其他原因离开南方的。以前我不太清楚这方面情况。只知道他14岁左右离开南方，去加利福尼亚州的一个哥哥那里住，然后又去了俄亥俄州。

后来我才知道——那是他过世很久很久之后——他十几岁的时候曾见到镇上的人遭受私刑。他的邻居……是商人，被带出去，而且……就这样……一年半的时间里，有三四个人。所以，我猜这就像个征兆……我的意思是，他离开的征兆。

科斯比　确实像。

莫里森　他就这么离开了南方。

科斯比　嗯。

莫里森　所以，你能感受得到，他们的回忆是苦涩的。

科斯比　记得您在一次采访中说，您的一位祖父母和一位曾

1　约96.6千米。

祖父母在奴隶制期间出生，而您的祖父母——是不是您祖父？——在《解放奴隶宣言》签署的时候只有10岁？

莫里森 没错。

科斯比 您祖父母和曾祖父母的经历在您家族中流传下来了吗?

莫里森 只有你刚才提到的我祖父的经历传到现在，他在《解放黑奴宣言》签署时很可能才5岁。我们听到的故事是，小孩子的他听到了这个承诺或威胁——不知道那是什么，因为没人花功夫给他解释《解放奴隶宣言》是什么，于是宣言颁布那天，他躲到床下面，因为他觉得这听上去很恐怖，当他们把他从床下拖出来时，他说他很害怕，因为宣言要来了。就是这个，嗯，好笑的事大家现在还在讲。

他的故事中，我最喜欢是，有一天他去学校告诉老师，他不回来上学了，因为他得工作，不过他的姐妹们会教他读书。当我认识他的时候，他一直是这样的——我们家中一直放着《美国非裔报》《匹兹堡信使报》以及类似的黑人报纸，他有熟读《圣经》的美誉，不知道读了多少遍了。因此，他酷爱阅读，并通过他的姐妹们来教他。

科斯比 他们大一点的时候还是处于奴役状态，是吗?

莫里森　　他们年轻时还是，没错。

科斯比　　那他们是怎么学会读书的呢？

莫里森　　那个，我创作《宠儿》的一个原因是我们在某些地方、某些家庭、某些地区略过了这些。略过了那个方面。他们不想谈论这个，没有将其嵌入诗歌和歌曲中。有关于它的暗指——《圣经》的、宗教的暗示，但没有细节。此外，还有不少令人摸不清的地方，仿佛他们要告别这个，要向前看，停留在这上面会造成严重后果。

所以这就像是种巨大的缺席。不是在历史中，而是在艺术中，有关实际发生的事。那个，当你和我一样阅读奴隶叙事时，会听到与人交谈时存在的信息空白和错误。"奴隶制太可怕，太恐怖了。不过我的主人，他人还挺好的！"他们可不想受惩罚。

科斯比　　这有点意思——又不那么有意思；或许让人有些难受——知道这么多美国非裔不想面对奴隶制问题。

莫里森　　是的。这对他们来说，要么是种耻辱，要么是种伤害。我的立场完全相反。不了解自己的过去，就无法超越它，可能还会重蹈覆辙，失去了解自己一半人生的机会。知情很重要，不是吗？不是将过去抹去，而是去直面。

科斯比　　家族的历史有没有影响到您在小说中呈现奴隶制和

奴隶制遗留问题?

莫里森 当然有影响。我写的《柏油娃娃》,可以算得上是部前奴隶制作品。我的意思是,它虽涉及奴隶制,但还是以极为神奇又神秘的方式来展现奴隶制下发生的事,其中的政治色彩较少。因为我正在研究"柏油娃娃"的神话,就将其加以转化,这是个非常非常古老的故事,可能起源于非洲,而不是美国。因此,这些故事的融合对我来说很有意思——如何从神话中获取大量历史中没有的信息,因为历史由征服者来书写,这点显而易见。

但我记得自己想到《宠儿》时,其实我真的不想写这个。我很想同历史人物谈谈这件事。我真的很不开心,因为我必须讲讲奴隶制……但其实我并不想挖掘这个东西。我谴责其他人做了这件事,而我做了同样的事,因为从情感上来说,这让人很难受。所以,我还是写了,但要找到合适的语言来表达真的是非常非常困难。特别困难。但对我来说,在写作过程中,站在局外人角度写出来的东西不够真实,也不够有力。那个,我总是告诫学生:"这不是一名'黑人父亲'——这是你们的父亲。明白吗,你认识的那个父亲?是那个人。"

* * *

科斯比 您曾说过,您父母对种族主义、社会状况以及社会变革的可能性观点相左。能否介绍一下他们的不同看法。

莫里森 嗯，我父亲坚定地认为，白人无可救药，你无法改变这个群体，他对此坚信不疑。可那时我们住的社区里也一直住着白人。我是说，他和许多白人住在同一个社区，并在同一家钢铁厂和造船厂工作，很受大家的欢迎。因此，过了一段时间，我才发现他有多坚定。我留意到他不让那些白人来我们家，但我不知道原因。

科斯比 的确是，当时您并不知道他目睹过私刑——

莫里森 直到他去世后我才了解到这一点。他从未谈起这个。他就是觉得他们无可救药。无可救药。但他不好斗，也不爱发火。那个，他很平静，但就他而言，他感到无能为力。

而我母亲则将她遇到的每一个人都当作可能的朋友。她总是往好处想。遇到一个人就交一个朋友。一个又一个。我母亲比我父亲对我的影响大。

后来随着事态的发展，我——我没去过南方，当我到那里旅行，开始见到那些明目张胆的事情时，我能体会到他的感受，作为一个大学生和大学毕业生，我的这种体会比我在初高中时要更强烈。因为种族隔离和道德败坏的势头如此之强劲。它竟然把你排斥在人类之外。

科斯比　他们两人对种族的看法又对您产生了什么影响?

莫里森　我发现自己恨不起来。仇恨对我没什么用,智力上和情感上都没用。我甚至不能因愤怒而写作。我的意思是,你得找到其他突破口。某种意义上说,它使你动弹不了。我想,那个,种族主义耐人寻味之处在于,无论美国非裔做什么,都有人会说:"好的,但你不能做那个。"你费了很大力气证明自己可以做那个。一旦你证明了这一点,他们又会说:"哦好的,但你不能做这个。"

结果就是你动不了。只是坐在那里憎恨白人或憎恨种族主义或憎恨种族隔离,你的精力都耗费在这上面了。我并不是说不能在政治上直面它。我指的是创造力。就像我们刚刚完成自己的作品?

科斯比　并在作品中发表自己的观点。

莫里森　并在作品中发表自己的观点——我们这些人可以……所以,当然啦,我是凭借想象力摆脱了它。所以,人际关系方面,我更像我母亲。重要的是,我不能为了完成作品而制造一种强烈的、虚构的愤怒。

科斯比　在您的小说中,社区的概念反复出现。那您成长的社区里有哪些传统和价值观呢?

莫里森　嗯,在我看来,我长大的社区是我在俄亥俄州住的那个美国非裔社区，还有我前面提到的，我第一次来南方时的那个地方，因为这两个地方情况差不多。这里就像1950年代南方的黑人街区，吃的东西一样；他们对我们的行为抱着同样的期望，成年人觉得他们有高过我们的权利，也就是说街上任何人都可以说你的不是。

记得我14岁的时候抹了点口红，一个女人走过来把我的口红擦掉了。

科斯比　　您认识那个人？

莫里森　　嗯，但其实，她不是我妈。（笑）

科斯比　　认识而已。

莫里森　　嗯，她住在这附近，所以我认识她，但我没说"你干吗？别碰我"。我就任她抹掉我的口红，冲我挥挥手指，然后送我回家。

我认识一些黑人男子，可能是小混混，但要是他们在我不该去的地方看到我，就会送我回家。他们不会伤害我。在火车上，那个，过去搬运工常常多给你些吃的，还多给点餐巾纸。所以我一直觉得他们挺好的。我在俄亥俄州洛雷恩街上的黑人中遇到同样的情况，南方也是一样。我的校友——比如说，一个和我一起上学、我很喜欢的白人女孩。她是我的邻居。我大概有20年没见过她了，我回去时她直呼我母亲的名字。(笑)我从未想过要直呼一位年长女士的名字。那些小事，那个，人们意识某种流传下来的文化交流——很保守，等级化高。因此，我曾祖母来看我们了，她走进房间时，我那些十六七岁的小叔叔们都站了起来，我觉得很好玩，印象也很深刻。

科斯比 就是那位遭受奴役的曾祖母？

莫里森 是的。他们站了起来。她拄了根拐杖。6英尺[1]高的个子。进了房间，我那时还是个小孩子，我看到她的那些孩子——18岁的、16岁的——我觉得他们挺彪悍的，在外面很凶狠。老太太一进来，他们就闭嘴了。给人的印象真是太深了。

科斯比 洛雷恩有哪些有形和无形的种族隔离或种族主义表象？

莫里森 嗯，那个，洛雷恩没有像美国其他地方一样的法律。但人们的洞察力很强。我注意到这一点，那次，镇上有地方新开张，我母亲和她兄弟们对此很感兴趣。一个新剧院。我母亲总会在剧院开张那一天过去一趟。

她会在开业那天，一个周六早上过去，就为了看看

---

[1] 约1.83米。

引座员要带黑人去哪里落座。她也总是会特意去别的地方转转。或是让我们坐在我们本没打算坐的地方，因为我们的朋友都不坐那儿，是不是？就是为了确认他们不会对我们采取事实上的种族隔离。
他们对游泳池的态度也是如此。记得我叔叔进了艾斯利冰激凌店，那里设有柜台和卡座，我们知道可以进去买冰激凌，但买了冰激凌就得离开。我们知道可能不能坐在里面。他进去点了餐，然后坐在卡座上，于是里面发生了一些争吵，但实际上……

科斯比　　但他们不能把他赶走，是吗？
莫里森　　是的，他们不可以这么做。

* * *

科斯比　　您1949年离开洛雷恩时，在哪所大学读书？
莫里森　　我选择了华盛顿特区的霍华德大学。

科斯比　　之前你谈到过南方之行。那时你是不是参加过霍华德大学剧团？
莫里森　　是的。那是我在这里所接受教育中的重要部分，对我来说意义深远。那时我真的很想上黑人学校，因为我还从没有过黑人老师。我希望与黑人知识分子在一起。梦想真的实现了。我记得我父母说："唉，我们可以供你读一年的书。"只有一年。我只好说："那好吧。"就一年。后面再看，或许第二年我也不想读了。要知道，每季度要花 35 美元。

所以，我去了霍华德后发现，这里一方面完全满足了我的需求，我主要同黑人男孩女孩、黑人男人女人相处，老师几乎全是黑人。也有不少欧洲人和美国人在那里教书。但这里有个极为难得的舒适区，没有其他压力，离开这里你才会发现它的存在。此外我还发现这里和我想象中的很不一样。

科斯比　　哪方面不一样？

莫里森　　嗯，我从未接触过所谓黑人中产阶级上层，他们和我们不一样。期望的东西不同。我来自一个看重成绩的阶层。我自己是名全优学生，还是美国国家高中荣誉生会成员，我姐姐也是，我就像个成功人士。但没有某些衣服和配饰甚至不知道不同绰号间的区别……

如果你没有这些东西，或者你的父母不是专业人士，等等，别人就会取笑你。这些方面我都不在行，但我清楚地记得，人们喜欢平庸的人，尽管这些人很蠢，没什么能力，拿不到好成绩。他们要么梳了某种发型，要么拥有某种颜色的皮肤，要么他们的父亲做律师什么的，然后他们的平庸就不是什么大事了。我简直不敢相信。（笑）但这没有困扰我太长时间,因为我加入了霍华德大学剧团。

在那里,有几件重要的事发生。第一,我们得阅读这些戏剧。我的意思是真正读透。不只是用你在英语课上阅读它们的方式。你要真正理解它们,才能看准这个角色——掌握全部信息。

第二,我们读了——我们在霍华德英语系没读的——黑人作家的作品。我们读过兰斯顿·休斯的作品以及我听都没听过的人的作品。但从未研读过这些作品。可是他们在戏剧系会这么做。

第三,能否进入剧团取决于你的成绩、才华和驾驭这个角色的能力。那些受人欢迎、受到追捧或剧团当红的都是最为出色、最有才华的人,待在那里我觉得很舒服。

每年夏天,我们中会有大概10个、9个或12个人,在专业教师的陪同下,到南方各处的校园,黑人校园,巡演这些剧。那真是盛况空前。真的是……我无法形容。

科斯比	而您也——要是说得不对请纠正我:您在霍华德大学时参加了女大学生联谊会会长的竞选?
莫里森	是的!(笑)那个,我都没搞清那是怎么回事。结果就是,我失败了。(笑)
科斯比	您去哪儿读的硕士?

莫里森　　　康奈尔大学。

科斯比　　　然后您回到霍华德大学教书。能分享您某些学生的情况吗？那些人最后成为知名作家和领袖的学生。

莫里森　　　斯托克利·卡迈克尔是我教过的口才最好、最富挑衅性的学生之一。他真的很聪明，伶牙俐齿，为人风趣……克劳德·布朗我也教过……阿米里·巴拉卡——我不知道，我不太了解他的情况。他在霍华德读的书，但现在说我教过他们，而实际上他们是我的同学。我现在都分不清了。大家都说："哦，你教过我。"我的反应是，等等，我怎么觉得我们是同学？因为我既在那里读过书，又在那里教过书。所以我不是很确定。戴维·丁金斯。他是我的学生。我的意思是我们在一个班。他是位年长的绅士。一名退伍军人。（笑）

科斯比　　　能和我们分享一下，您从教育工作者转型为兰登书屋出版公司教科书编辑的这个过程吗？

莫里森　　　唉，我离开霍华德大学、和爱人分开、养育2个孩子的时候，一直找不到工作。但我从报纸上看到正在招聘教科书编辑，心想，嗯，这个活我可以干。于是我就去申请，还真的就成了。工作地点在纽约州锡拉丘兹，他们正在收购一家叫 L. W. 辛格的教科书公司。兰登书屋买下了这家公司。他们后面搬去纽约，但是会暂时在锡拉丘兹待一年……如果他们一直待在锡拉丘兹，我不一定会接受这份工作。

科斯比　　您在兰登书屋工作了多久？
莫里森　　算下来大概有十八九年的样子。时间挺长的。

科斯比　　您编辑了米德尔顿·哈里斯的《黑人之书》，一本美国非裔历史的剪贴书。
莫里森　　嗯，这本书让我学会了很多东西……

我进入出版业时，这个世界正在向族裔融合类书籍敞开大门，而且，我想是民权运动让这类书籍有了市场。

那时我已经出版《最蓝的眼睛》，这本书的销量可能有……50或一两百本。他们总共只印了1 500本。所以我想，当我有决定权时，我要做本关于美国非裔的质量上乘、受读者欢迎的书。

然后我四处找人来写这本书，我遇到了斯派克·哈里斯，就是米德尔顿·哈里斯。他是位收藏家。他刚好什么材料都有。每份报纸、每个徽章、每本书——他都有。他认识很多收藏家同行。于是我把他们都聚到一起。我的意思是，他们有报纸文章，旧杂志；他们有惊险的故事，各种故事，我从这四个人的收藏中萌生了将这些凌乱的内容编辑成一本书的想法。里面有某些音乐……鲜为人知的事、匪夷所思的事、报纸上的文章……

我在那里发现了一篇报纸上的新闻报道，有位名叫玛格丽特·加纳的女人，她杀死了自己的一个孩子，还要再杀其他几个孩子，为了不让他们重新落入奴隶制的魔掌。有意思的地方是，我知道奴隶制时期，弑婴出现在奴隶船和其他地方。但这篇报道吸引我的是，大家都感到震惊，因为这个女人没有疯。人们不住地惊叹："好吧，她很正常，她很冷静。"那个，她不是歇斯底里尖叫的女人……这点吸引了我。

科斯比　　是啊。要是这个人疯了倒没什么奇怪的了。但我觉得，许多像她一样的人并没有发疯。

莫里森　　是的，许多人的精神都没问题。许多人直接把孩子给扔了。他们的精神并没有出问题。一旦他们认清奴隶制的真面目，知道会遭什么大罪，就决定……我觉得是我们忘记了奴隶制的一些情况：性方面极为放纵。人们谈论金钱、经济，以及……但要是你意识到自己拥有一个人，你就真正拥有了他们。你可以让他们——不论男孩还是女孩——做任何你吩咐的事，违者处死。拥有一个人就是这么回事。

科斯比　　能否介绍下您在兰登书屋期间为美国非裔作家担任

编辑和顾问的情况？

莫里森 在找寻美国非裔作家方面，我特别用心，经纪人根本不认识这些作家，或者和这些作家没有业务来往。所以我撒下一张网，联系到很多有意思的人。马娅·安杰卢的处女作是在兰登书屋出版的。我见到她和她的一些朋友时，便获得了更多关于谁在帮她处理事情的信息。一旦他们认识了我，其他人也会跟着来。但我一直在寻找像托尼·凯德·班巴拉这样有特色的人。我出版了露西尔·克利夫顿的首本也很可能是她唯一的散文作品。她写了本关于她家族的回忆录《世世代代》(*Generations*)。

我还出版了安吉拉·戴维斯的作品。我特别高兴能结识她、见到她并为她编辑作品。

还有休伊·牛顿的集子，穆罕默德·阿里的作品，以及我努力争取、公司也希望我出版的作品。盖尔·琼斯。再比如说亨利·杜马斯——尤金·雷德蒙德（Eugene B. Redmond）把他介绍给我后，我才了解了他的作品。真是太不容易了。

所以，就是这样，我非常努力地寻找作家。

科斯比 没遇到过老板的反对？

莫里森 哪会没有？遇到过一些。不过他们留给我很多空间，直到他们发现某些作家，如莱昂·福雷斯特（Leon Forrest），确实没有市场。我出版了三部莱昂·福雷斯特的作品，都很优美，富有震撼力，但不好懂。因此，虽然他得到学术界的支持，连拉尔夫·艾里森都强烈推荐他的作品，但他的作品销量很低。现在他们不让我出版那些不赚钱的书了。尽管在出版业，你曾经可以出版这些作品……他们决定还是要赚钱，就像所有出版商的最终目标。现在你可以看到这种做法的后果。

* * *

科斯比　　作为一名女作家会面临哪些特有的挑战？

莫里森　　唉，事实上，女作家入不了主流。不仅是黑人女作家，任何女作家都会遇到这样的问题。有一类作品叫女性小说。过去存在这样的作品。从批判的角度来说，这种情况难以改变。也就是说，人们口头上承认它，是不是这样却不好说……那些深受欢迎、很有影响力、极为优秀的男作家仍是写作界的元老。这种局面在慢慢得到改变，但你得清楚，你所属的圈子特别小。

科斯比　　很多黑人作家或艺术家不希望被称为"黑人这个"或"黑人那个"。可您却不介意这种称呼。

莫里森　　是的。

科斯比　　　对黑人和女性两个称呼都不介意。

莫里森　　　没错。这是为了改变这些称谓。不,别把我从这个类别中移出来,别说我不属于这个群体。我很出色,可以成为——事实上,我记得很清楚,之前人们——白人女性批评家——说:"她那么出色,不能就局限在黑人的刻画。要是她想真正具有竞争力,就得从这个特别小的圈子里挪出来。"这让我真的很生气。

科斯比　　　白人这个标签的覆盖面和影响面更广。

莫里森　　　没错。就是这个意思。就是这个意思。

科斯比　　　您说过,过去美国非裔作家为白人读者创作,但您是为像您这样的黑人读者写作。与为白人读者创作的美国非裔作家相比,您有哪些不同的方式来对待自己的读者?

莫里森　　　这件事很微妙。体现在语言中。将主要读者定为白人的作品需要另外一些编辑工作,要向读者做一定的解释,但这些东西不用跟我解释,因为我都懂。于是你会感受这些细微的解释。你在理查德·赖特的作品中能感受到这一点……甚至在詹姆斯·鲍德温的作品中你也能感受到,有这些细微的……编辑工作。基恩·图默的《甘蔗》中没有这样的编辑。没什么好解释的——

科斯比　　或者说，没有解释的义务。

莫里森　　——对，没有义务说清楚这些。还存在称呼的不同。艾里森的《看不见的人》可以说是在美国创作的最重要的作品之一。这点毫无疑问。但想想它的标题：看不见的人。用得很确切，但他说的是对他们——这些白人而言不可见的人。对黑人来说，这个标题并不适合。

这真的是一种对抗，他所做的至关重要，但这只是我向大家解释这方面情况时用的一个比较有代表性的例子。假设读者和我一样了解情况。实际上，我曾收到一些特别是年轻的黑人女性对《最蓝的眼睛》的抱怨，虽然其中也不乏赞美之辞。她们说："我真的很喜欢这本书，但您就这么写我们，我很生气。"我说："好吧，我不说实话能感动你吗？"我们的人性如此，我不必为此道歉。

关键是我们这些有意思的人以不平凡的方式赢得了胜利。我问其他人敢不敢尝尝在这个地方像这样生活好几百年的滋味。我们都难逃一死。这是个不寻常的故事，有关生存，也关乎发展。试想，若我们什么都不做，会出现什么局面，因为结果是这里出现了璀璨的文化，我们在这个国家创造的新世界文化。

科斯比　　我们已经取得了这么大的进步，真是太了不起了。

莫里森　　是啊。真是个了不起的故事。

* * *

科斯比　　《所罗门之歌》里面有大量涉及民间传说、神话、《圣经》和超自然的意象。能否谈一下其中的一些出处以及将《圣经》意象与非洲民间故事并置的效果?

莫里森　　我觉得用美国非裔文化创作的原因之一是身边方方面面的大量信息。在我家里,语言混杂,有街头语言,有布道语言。实际上人们在你小时候对你引用过《圣经》,他们在日常对话中使用《圣经》中出现的短语。或者使用歌曲的歌词……我母亲的歌声如梦如幻。她有最动听的声音……整天唱着歌。曾有一段时间,人们在收音机和电视前走来走去,唱着歌。只要走在街上,就能听到人们唱着歌。在后院或厨房。不单是我母亲。还有我的阿姨们,大家都在唱。

我开始写《所罗门之歌》的时候,尽力从这种存在于北方城镇的文化中汲取丰富的养分……历史留存在他们的歌曲中,也存在于他们自言自语的小故事里。

请注意,书中的结束时间是1963年,写的是民权运动爆发前的意象,随着民权运动的发展,意象变得更为清晰、集中。但在那之前,这就是意象的来源。

*　*　*

莫里森　　还记得我提到过的那位曾祖母吗？她真的很有黑人特点。长得很黑。皮肤黑。个头很高，人很小气。（笑）但她很受尊敬。住在密歇根州时，人们常常从全州各地前来请教她的意见。这位老太太对我们以及她的亲生女儿说，我们都被"篡改"了，因为我们的皮肤不像她的那样黑。她说种族已被"篡改"。你们不纯了。这话很伤人。

科斯比　　她用了"篡改"这个词？

莫里森　　她说被"篡改"了，被"玷污"了等等。意思是她很纯正。那时我还是个小女孩。我去霍华德时，见到了她那样肤色纯正的人，脑海中立刻浮现出这个老太太，她是我认识的最讨厌的人，她竟然说我肤色不纯。所以，我写《天堂》时，从一份报纸上读到一则消息，说这些奴隶去了其中一个小镇，但被赶走，于是我开始阅读更多这样的报纸。他们在俄克拉荷马州的报纸上都登了这样的广告——"来吧。来吧。新地段。来这儿定居吧。"我看了下创始人的照片，都是些浅肤色的男人。那些黑人走了那么远的路才来到这个小镇，却被赶走，因为他们真的身无分文。他们不想接受那些要靠他们养活的人。这点特别耐人寻味,因为当时每个人都在抱怨,说着"哦,福利不好。黑人都靠福利生活"之类的话。我说:"哦,天哪。"我就把他们统统变成肤色纯正的黑人。只稍稍做了点改动,让他们很自傲,很纯洁,保持自身的纯洁性,取代那些被告知无法进入这里的人……这就是天堂的本质,你明白我的意思吧?如果随便谁都能进去,那这里就不是天堂了,是不是?

对我来说,这很管用,可以巧妙地讲述那段历史和那种反抗,并在《宠儿》中延续了这种反抗——某些美国非裔对任何形式进步的反抗。

科斯比　您从什么时候开始对自己的肤色更有信心?
莫里森　我还是没有信心。

科斯比　还没?
莫里森　嗯,你不知道,我认识的人中唯一有这种感觉的——和我一样感觉的——是托尼·凯德·班巴拉。她是我的朋友,我把这点告诉她,她竟然说:"那个,我总是对自己的照片感到惊讶,"她说,"因为我觉得自己比照片里的人更黑。"我也这么认为。我看到书和物品背后自己的照片时(笑)总是问,她为什么这么白?

科斯比　　　您曾祖母的话很有道理。

莫里森　　　现在更有道理了，什么原因你知道吗？我一生都在说我没有白人血统。因为我体内的非黑人血统是印度血统——我母亲的祖母是位印度女士。反正，之后我儿子打电话对我说："那个叫摩根的男人怎么样了？"摩根是我奶奶的婚前姓氏。"哪里来的白人男人？"我说："你在瞎说什么？"我说："我们家没有白人男人。"于是他告诉我，我昏了头了。73岁的我信口开河了？于是我打电话给我姐姐，她果然记得清清楚楚。我儿子说的是摩根牧师。一名传教士。白人，和嘉莉结婚并生了10个孩子。

科斯比　　　嘉莉是黑人女性？

莫里森　　　嗯嗯。他们结了婚。生了10个孩子。5个女孩，5个男孩。摩根家族和沃克家族就是从他们这里来的。这件事就发生在半月前。
我不知道自己怎么把这个给忘了，我想我真的把它抹掉了。（笑）种族主义真可怕，我是说，你努力地去除它，却无法做到。我正在这方面努力。正在努力的时候，冒出这么件事，让我意识到自己捏造了这个家中没有白人血统的故事。

科斯比　　　还好，您儿子提醒了您。

莫里森　　　是的。他没忘。

我没了工作。还养着孩子。这种感觉很奇怪。
后来我一想,不对,我感到的不是焦虑——而是幸福!

TONI MORRISON'S HAUNTING RESONANCE

托妮·莫里森的作品打动人心、引发共鸣

采访者
克里斯托弗·博伦

《采访》杂志(*Interview Magazine*)
2012 年 3 月

我们不太习惯艺术或社会改革家在其有生之年获得崇高的荣誉。通常，美国对文化创新者的关注最多只是对其回望一眼。因此，托妮·莫里森获得如此多的奖项可能会让人怀疑，她记录着美国事件的首选版本，而非有关我们身份的更黑暗、更凶险的故事。这位来自俄亥俄州洛雷恩的 81 岁作家曾获得 1988 年普利策奖，并在 1993 年成为荣膺诺贝尔文学奖的首位黑人女性。此外，她的粉丝们——包括巴拉克·奥巴马和奥普拉·温弗里在内——对她屏息凝视的崇敬之情可能表明，莫里森落入了当权派的泥淖中，以至于她的小说不具挑战性和批判性。这些想法大错特错。作者在其文学生涯中始终保持着反抗的姿态。1970 年，她的首部小说《最蓝的眼睛》出版，当时 39 岁的莫里森住在皇后区，是位养育着两个男孩的单身母亲，并在兰登书屋担任高级编辑。从那时起，她的小说毫不畏惧地坚持着最大程度的真实表述。她的语言可能较为简洁，但作品中的各种颜色、描述、情感或集体屠杀产生一种打动人心的共鸣。

众所周知，莫里森的作品触及种族主义和性别歧视的国家主题。除此之外，她的作品还反抗了她那个时代诸多普遍存在的自由主义教条，尤其是黑人运动只对正面描述黑人角色感兴趣，以及第二波女权主义浪潮倾向于削弱母亲身份的意义，后面这个主题在她 1987 年的杰作《宠儿》中得到清晰的展现。

拒绝顺从白人主导叙事的写作范式是种勇敢，而不叛投最明显、最直接的对手则是另一种勇敢。就在这个月，莫里森出版了她的最新小说《家》（克诺夫出版社）。这部作品讲述了刚从朝鲜战争中返回的退伍军人弗兰克·莫尼在他妹妹西被白人医生残酷的医学实验杀害之前，从西雅图的一家医院赶往佐治亚州救下西的故事。去救妹妹的路上，弗兰克发现1950年代的美国暴力横行，种族隔离严重，偶尔也表现出少许慷慨、希望和家园气息。

阳春三月，一个温暖的早晨，我驱车两个小时，来到纽约市北部莫里森的家。她的房子位于哈得孙河畔，从房子里望去，东部景色一览无遗，这里还能看到一座低垂的灰色悬臂桥。2006年，莫里森辞去普林斯顿大学的教职，2011年，她从新泽西州搬走，住在这所河边的房子里。室内阳光明媚，摆放着她获得的一些知名和不太知名的奖项——她的诺贝尔奖证书摊开放在桌上，洗手间附近的墙上裱着一封安东尼娅·弗雷泽亲笔写的信，信上她和她丈夫哈罗德·品特向莫里森的《宠儿》获奖表示祝贺，说《宠儿》中的悲凄"让我们的周末尽毁"。

莫里森身着双色调灰色毛衣，她标志性的灰发裹在一块紫色手帕中。她的脸部轮廓分明，如今很少见到——面容坚毅、轮廓清晰，将来很适合用作邮票的头像。她的声音浑厚有力，要是她给我读我的租车合同，那会让这份合同听起来无比重要。但关键是：莫里森说的话有分量。她赢得了荣誉和奖项，登上了主流领奖台。但领奖台也不是重点。还是她说的话有分量。

| 博伦 | 那是什么桥? |
| 莫里森 | 塔潘齐大桥。他们一直说要拆掉它,再建一座。为了建造这座桥,他们在1950年代清除了奈阿克一半的地方。他们在造桥时做了妥协,将其建得低一点,这样就不会破坏所谓的景观。可问题来了,人们跳桥自杀时——经常有人这么做——却经常死不了,只撞断了背部。 |

| 博伦 | 因为它太低了? |
| 莫里森 | 是的。他们现在在那儿装了些电话,要是你看到有汽车停在桥当中,车上没人…… |

| 博伦 | 我以前读到过,在自杀者最常光顾的金门大桥,大多数自杀者结束生命时面朝城市而非大海。是不是挺奇怪的?你可能会觉得他们会面朝开阔的水域,而非拥挤的海岸。 |
| 莫里森 | 天哪。 |

| 博伦 | 您的研究生论文谈的是弗吉尼亚·伍尔夫的自杀,是不是? |
| 莫里森 | 我写过关于伍尔夫和福克纳的文章。那时我读了很多福克纳的作品。你可能还不知道,1950年代的时候,美国文学初出茅庐,是个叛徒。英国文学才是纯正的英语文学。所以,这些教授中的先锋人物为 |

美国文学正了名。这也触动了我。

博伦　　当时他们教过美国非裔作家吗?

莫里森　即使在美国非裔学校,他们也不教美国非裔作家!我去霍华德大学读过书。记得我曾问老师,我是否能写篇关于莎士比亚戏剧中黑人的论文。(笑)老师很生气!他说:"什么?!"在他看来,这是个不入流的选题。他说:"不行,不行,我们不研究这个。这个选题太小了——写不出什么。"

博伦　　最近您根据《奥赛罗》中的角色苔丝德蒙娜写了部戏剧,提出了一个我从未想到过的观点:苔丝德蒙娜由她的女仆巴尔巴里抚养,所以,从某种意义上而言,苔丝德蒙娜甚至在她嫁给奥赛罗之前就有了黑人背景。就苔丝德蒙娜的所思以及她对自身位置的理解来说,这个观点深刻地改变了《奥赛罗》这个故事。

莫里森　以及她不会被什么样的人吓到。几年前,我在威尼斯与双年展赞助商共进晚宴,有位赞助商对我说:"种族问题在我们欧洲不存在。"我想我当时可能累了。不应该那么说,我说:"不存在?那是因为你们把垃圾都扔给我们了。"彼得·塞拉斯(戏剧导演)就坐在我对面,他睁大了眼睛。晚宴上,他们在墙上挂了许多精美的挂毯,其中一块毯子上有个身材高大、黑皮肤、国王模样的人物。那时，问题出在阶级——摩尔人能来威尼斯，不成问题。那时我就开始构思这部剧。彼得在普林斯顿时说他永远不会编排《奥赛罗》。因为剧本太单薄。我说："不，你说的是戏剧表演，不是戏剧本身。这部剧真的很有意思。"

博伦　　您是如何选中了1950年代的美国作为您最新小说的背景？

莫里森　　总的来说，我对去掉1950年代的毛团、面纱和花朵感兴趣。我在思考，真是这样吗？我是说，那是我生活的年代。我现在81岁了。那时我还是个年轻、有进取心的女孩。这个年代往往出现在多丽丝·戴或《广告狂人》那种社会背景中。

博伦　　道格拉斯·西尔克推出力作的那10年。

莫里森　　就是那段时间。我细细一想，情况不是这样。于是我开始思考什么才是真实状况。朝鲜战争真的发生了。尽管多达53 000名士兵阵亡，但这在当时只被称作"警察行动"——从未被当成一场战争。这个阶段发生的另一件事是（约瑟夫·）麦卡锡。他们到处迫害黑人。1955年，埃米特·蒂尔遇害，之后，许多有关医学实验的事件浮出水面。现在，我们了解到在士兵身上进行的迷幻药实验，但其实还有在塔斯基吉的黑人身上进行的梅毒实验，这些黑人以为自己正在接受健康护理。

博伦　　　他们被当作实验对象来用。

莫里森　　这样的情况在第三世界国家依旧存在。在我看来，上述四件事导致了 1960 年代到 1970 年代的社会局面。我想反映这方面的情况，于是我选择了一个曾在朝鲜战争中患有炮弹休克症的士兵。他不太情愿地踏上了这段旅程。他不想回到自己的家乡佐治亚州。因为对他而言，这里好像另一个战场。

博伦　　　这本书的故事从西雅图开始。坦率地讲，我一直将种族隔离和种族问题视为南北方之间的鸿沟。从未想过在太平洋西北区域会有种族歧视。

莫里森　　我的编辑也曾对此质疑。但我是做了相关研究的。波音公司拥有书中提到的所有房产。有资料显示："希伯来人、亚洲人、黑人不能在此租赁或购买房产。要是他们不能做家佣，就不能住在这里。"我的编辑说："我以前没听说过这个情况。我们北方人认为这样的情况只会发生在南方。"我说："'我们北方人'？你什么意思啊？我也是北方人。"他说："哦，我的意思是，'我们北方白人'。"因为有习俗——不是法律，而是习俗。接着，我的编辑说了一些主人公是黑人的情节，我不解地问："你怎么知道他是黑人?"他说："我就是知道。"我说："那是怎么知道的？我可没这么说过，也没这么写过。我只是描述正在发生的事情。你不能进入这个洗手间……"从他的视角来审视所有的情况。这个角色只是对这种情况见怪不怪。他没有因为进不了洗手间而游行示威。

博伦 我们容易将1950年代的稳定浪漫化，就像我们容易将1960年代的动荡浪漫化一样。您谈到对1960年代消费旺盛、毒品泛滥的描述如何掩盖了那十年真正发生的社会变化。您是否在《家》中尝试改写人们青睐的那个1950年代的版本？

莫里森 某些人刻意隐瞒——这里的某些人指的是这个国家的叙事，是如此激奋。战后，人人赚钱，喜剧精彩……我一直觉得，那样的论调带有虚假成分。所以我开始思考自己那时的想法，那时的感触，然后发现我知道的没有自己认为的那么多。人们观察得越多，就越会发现那些见不得人的东西。我想每个国家都会藏着这样的地方，也会努力将这些清理掉。就像人的一生——"我想让自己有个好形象！"但只有当你认识到自己造成的或别人对你造成的失败和伤害，才有可能做到这一点。然后你能让自己获得一个好形象，因为不论如何，你战胜了失败和伤害，面对并解决了它们。但你不能就此自负。

每个国家都会教导自己的孩子热爱祖国。这点无可厚非。但这并非代表你要掩盖事实。来兰登书屋之前，我在（出版商）L. W. 辛格教科书公司的学校部从事了一年的编辑工作，编辑10到12年级的文学书。在得克萨斯州的书上，不能出现"内战"字样，必须用"各州之间的战争"。不用说，我们得删除所有惠特曼写的东西。卖教科书给得克萨斯州时，总会收到一些这样的提醒。他们还在这么做，在宗教上做文章。我知道他们已经不用"奴隶制"这个词，而是用与贸易有关的词来表示……

博伦　　很明显，着眼点不是教育，而是再教育。

莫里森　　创作《家》的另一个原因是，我很感兴趣男人与女人的关系何时纯洁——清白无污。在他与他母亲、女友、妻子或女儿的关系之外总会有另一层关系。我认为唯一不同的就是兄妹关系。它充满阳刚，具有保护性，又没有性的负担。所以汉塞尔与格蕾特尔兄妹俩的关系真让我羡慕。而他回来救她的路上充满了暴力。

博伦　　您将小说的名字定为《家》，是否因为那趟回来的旅程？小说开始的部分，有一整章讲到莫尼一家原本生活在得克萨斯州的一个小镇，但被通知在一天内收拾好东西离开这里，否则就性命不保。这样的驱逐之后，家意味着什么？

莫里森　　这样的事时常发生。我有一本好玩的书，讲的是那些被"清理"掉的县。这其中有许多都在得克萨斯州。就像巴勒斯坦人一样。他们说"滚"，你要是不走，就会没命。曾经发生了一次迁徙——强制迁徙。但给这本书取名，唉，我真的不擅长给书起名字。

博伦　　别这么说。您的书名起得都很棒。里面蕴含着极为纯粹、独特、不急不缓的情感。给小说起《家》这个名字，这其中包含着很多承诺。

莫里森　　我写这本书时叫它"弗兰克·莫尼"。是我的编辑建议我改掉。我写《所罗门之歌》时给它起了另外一个名字。约翰·加德纳（小说家）帮我定下这个书名。有人建议起《所罗门之歌》这个名字，我说："起得真差！"当时我在克诺夫的办公室。约翰·加德纳也在那儿，他说："《所罗门之歌》，这个名字真不错！就用这个吧！"我说："你确定？"他说："当然！"我说："那好。"然后他走了，我就在想："为什么要听他的？他写了本名叫《阳光对话》的书。他从一开始就没给自己的书起过什么好名字！"（笑）但已经来不及了。

博伦　　您在《秀拉》重印版中写过一个前言，里面提到您在创作这部作品时的其他压力——抚养两个孩子，还在兰登书屋做全职工作。当时您住在皇后区。我感觉如今我们总是赞颂那些刚刚大学毕业的年轻作家。但实际上,中年时开始写作,在全职工作和抚养孩子的同时写出一本书,真的是困难重重。

莫里森　我在 39 岁的时候开始写书。

博伦　您是将在艰难的境地中写作看作绝望的时刻,还是将每天早上醒来面对空白纸张视作解放的时刻?

莫里森　在我看来,这是一种解放。对我来说,有两个完全自由的领域。一个与我的孩子有关,因为他们是我认识的唯一不对我提出无理要求的人。他们提过一些要求,但他们不关心我性不性感、时不时髦,也不关心我们如何被评价——至少是我,作为出版行业的女性,如何被某些提出高要求的人所评价。除了对他们的简单照顾外,他们只希望我做个正直的人,有幽默感又能干。这对我来说并不难。外面的世界很复杂。但写作能给我真正的自由,因为没人要求我在那里做什么。那是我的世界和我的想象。我的一生都是这样,到现在也没改变。

有时我会被困住——两年前我儿子去世了。我的写作进行不下去了,直到我想到,要是他觉得是他让我写不下去,他会很不高兴。"求您了,妈妈,我不在了,可您能继续做您的事吗……"当我一想到这个,我就能写完《家》了。但这不仅是种解放。对我来说还是种学习。我是从一个男人的角度来写《家》。写《所罗门之歌》之前，我还从未那么认真地做过。我在琢磨："他们到底是什么样的人？又到底在想些什么？"不久前我父亲去世了，我记得自己说过："我想知道他知道什么。"然后我感到释然，某一刻，我会知道我想知道的东西，因为我问了他正确的问题，就会得到问题的答案。真的就是这样。我会告诉你什么起作用了：黑人男作家写的是对他们或他们的生活来说重要的东西，那就是压迫者，也就是白人，因为白人是那个让他们生活变得复杂的人。而我注意到黑人女作家从不这么做。1920年代的黑人女作家这么做，但我说的是当代黑人女作家——我对这个不感兴趣。突然间，如果你将白人男性——甚至是白人女性，但肯定还是男性——的凝视从这个世界上移走，这就是自由！你可以思考任何事，去任何地方，想象任何事……不再存在通过主人的凝视去看的问题。在那样的凝视之下，你总在做出反应，总在证明一些事。所以不用这么做……我觉得我自己这么热爱写作，原因之一是这对我来说也是一种阅读过程，这也是我为什么要坚持自己的修改。因为我在读自己的作品。我就在那里。亲密感对我来说极为重要，我希望它对读者也是。

博伦　　您不愿写让白人男性读者轻松走进的书，您将此描述为您的书不提供"接待大厅"。不用去衡量自己所写的内容对主流白人读者来说是否有价值、有市场或有趣，并那样写作，这真的是一种自由。这也需要特别勇敢，因为您担着书出版不了的风险。

莫里森　　我不考虑出版的问题。早在我住到皇后区之前，我就在华盛顿教书，周围都是一些严肃的作家和诗人。他们组建了一个小的团体，我们每月碰次面，读读自己写的东西。我把以前写的东西拿来分享，他们会做点评。要是你没东西分享，他们就不让你来。当我以前写的东西都分享完了，我就根据自己小时候碰到的一件事，写了一个想要得到蓝眼睛的黑人女孩的小故事。他们就我的故事展开讨论，而我喜欢写这个故事，再说啦，他们在这些小型沙龙上准备了那么好吃的东西！不过后来我把这个故事放在一边。然后我来了锡拉丘兹。我的小儿子6个月大时，我开始在他们起床之前和他们睡觉之后充实这个故事，把这当作每天必做的事。

博伦　　大家都知道，您在大清早起床写作。

莫里森　　我早上状态很好。这也是农民工作的时间。我喜欢在太阳出山前起来。不管怎么说，我写完《最蓝的眼睛》后，把它寄给一些人，我收到明信片上大都写着"不好意思"。只有一封信——有人仔细读了并写了封拒信。编辑是位女性。她先表扬了作品的语言。然后批评说:"但它没有开头、中间和结尾。"我只是觉得,她错了。但令我喜出望外的是这部作品还是被人看中了。然后(作家)克劳德·布朗向我推荐了霍尔特、莱因哈特和温斯顿的某个人。但这是在"去你的白"(screw whitey)书籍的时代。"去你的白"运动的激进主题之一是"黑即为美"。我在想:"那是怎么回事?他们在跟谁说话?跟我吗?你打算告诉我,我长得漂亮?"我想:"等等。在你们这些家伙登上我这辆漂亮的黑皇后的马车之前,我先来告诉你们,你们上车前它是什么样的!"(笑)种族主义会造成自恨,这很伤人,会毁了你。

博伦 所以,您的首部小说讲了一个想要蓝眼睛、觉得自己难看的女孩的故事,这个小说确实同整个"黑即为美"运动不太相符。您最早时候的一些批评者是不是来自黑人社区?

莫里森 没错,他们不喜欢这本书。我听过的最善意的一个评论不是出自评论家,而是一个学生,她说:"我喜欢《最蓝的眼睛》,但我真的很生您的气。"我说:"为什么?"她说:"因为现在大家就都知道了。"但大多数人对这本书很不屑。我觉得那种情况下,没人会读这个。但他们竟然印了1 200册，1 500册。我以为只会有400册。班塔姆（Bantam）买了平装本。那是本看完就扔的书。然后一些不可思议的事发生了。我想是城市学院。这本书在1970年出版，城市学院决定每个刚入学的大一新生课程设置中必须包含有女性写的书籍和美国非裔写的书，我的书就在其中。这意味着不仅那一届学生要用，后面的许多届学生都要用！

博伦　　您被称作"国民小说家"。被誉为"美国的良心"。实际上，除了沃尔特·惠特曼之外，很难想象有其他作家能代表如此多的国家声音。你是否觉得这会分散您写作的精力？从某种程度上来说，如此巨大的成功是否只是一种分类？

莫里森　　拿到诺贝尔奖后，我遇到了一点暂时的困难，但谢天谢地，我已经在写《天堂》（1997）了。我不必为获奖编造一些东西。现在我只看好的一面。我记得对我的攻击，但我只往好的方面看。（笑）

博伦　　诺贝尔委员会有个浪漫的举动，就是用电话铃声将美国获奖者大清早叫醒。您经历过这个吗？

莫里森　　哦，他们改变这个做法了。他们变得更有礼貌。他们在半夜拿到结果时，就会宣布。然后大家就会知道结果。但他们决定不去打扰对方，不在晚上给对方打电话，只在对方所在国的非休息时间里打。我遇到的情况是，我朋友露丝·西蒙斯，现为布朗大学的校长，当时还在普林斯顿大学工作，她早上7点左右打电话告诉我说："你得了诺贝尔奖。"我想，什么？我以为她产生了幻觉。

博伦　当时您知道自己在参加诺贝尔奖的角逐吗？

莫里森　我真的没想过这个。于是我就挂了她的电话！心想："她在说什么呢？"因为我觉得，她怎么会知道我都不知道的事呢？她马上给我打回来了，说："你怎么了？"我问她："你从哪儿听到的？"她说："我从《今日秀》上布赖恩特·冈贝尔那里听说的。"然后我就想了，噢……或许？但很多时候——正如我后来发现的，比我想到得还多——人们觉得他们会得到某个奖，而记者开始借题发挥，但最后他们并没得奖。

博伦　我认为可怜的诺曼·梅勒就遇到过这种事。朋友甚至告诉他，他拿了奖，他可能还为此接受过采访。但他没拿到。

莫里森　是的。乔伊斯·卡罗尔·奥茨也遇到过这样的事！记者都在外面等她。但我不知道该怎么办！我就去上课了。就在那天下午，大概12点半的时候，我接到瑞典学院的电话，告诉我我获奖了——在一天中合适的时间。我仍然不敢相信。于是我说:"能给我发个传真吗?"

博伦　　你想要书面通知!(笑)

莫里森　　没错!但领奖本身是件天大的好事。这是场最美好的聚会。

博伦　　我最近看了马丁·斯科塞斯拍摄的有关美国作家弗兰·勒博维茨的纪录片《公开演讲》,片中她谈到和您一起去领奖,不得不坐在儿童餐桌。

莫里森　　(笑)我知道!是这样的。但那里真的很漂亮。富丽堂皇,宏伟壮观……还有点不方便。

博伦　　不方便?

莫里森　　我的意思是,楼梯的立板——太短了——我差点没法走下来。但不管怎么说,我觉得这是次特别难得的机会。很有意思。弗兰说得对,她说:"我第一次见到这么盛大的场面。"

博伦　　1983 年您最终辞去编辑工作、专心写作时,是否曾想过,好吧,再也回不去了?

莫里森　　实际情况不太一样,因为我辞职后,就坐在那边的门廊上(莫里森指着窗外哈德逊河方向的门廊)。当时这个门廊没现在这么好看,因为暴风雨把它弄坏了，我得重修。我坐在那儿，很害怕，或者说有点心神不宁。我没了工作。还养着孩子。这种感觉很奇怪。后来我一想，不对，我感到的不是焦虑——而是幸福！

博伦　　释然。

莫里森　　不仅是释然。我真的很开心。我从未有过的开心。我从没体会过这种感觉——这是幸福和其他说不上来的东西夹杂在一起。就是那个时候，我写出了《宠儿》。写那本书时，我一气呵成。

博伦　　关于玛格丽特·加纳（那个为避免女儿重受奴役、在辛辛那提杀死了女儿的逃奴）的文章为《宠儿》提供了素材，您是如何发现这篇文章的？

莫里森　　我正在编辑《黑人之书》（米德尔顿·A.哈里斯和莫里森在1974年共同编辑的非虚构类书籍），人们给我送来了这些东西，因为我要做一本完整收录黑人历史——不论好坏——的书。我从一个收集旧报纸的人那里拿到了这些旧报纸，从中发现了一篇关于玛格丽特·加纳的文章。引起我注意的是，记者发现玛格丽特·加纳不是疯子时相当震惊。记者不住地说："她很平静……说她会再干一次。"于是我决定了解下这方面情况。女奴做出这样的举动没什么稀奇，但我觉得，要是她没有疯，肯定有蹊跷。这个时候也是女权主义者认真而又积极地争取不被迫生孩子的时期。解放的一部分不是被迫成为母亲。自由是不要孩子，可对这个女人来说，恰恰相反。自由就是生下孩子并能在某种程度上掌握对孩子的控制权——孩子不是他们能随意买卖的幼崽。因此，这与那时的主题相左。这些不同并不仅仅事关奴隶制和黑白差异——尽管存在一些——但早些年，我常常强烈地抨击，因为白人女权主义者总是有非常重要的会议要开，却把女佣丢在后面！（笑）

博伦 您能体会到白人女权主义者和黑人女权主义者间的真正分歧吗？

莫里森 黑人女权主义者过去称自己为妇女主义者。我认同这样的称呼。两个不是一回事。同男人的关系也不一样。从历史上看，黑人女性总是在保护她们的男人，因为他们总是在外抛头露面，最有可能被杀害。事实上，这是我很感兴趣的一个问题。我进入出版业时，许多女性都提到说服家人让她们上大学的艰难。家人给男孩教育机会，而女孩则需要努力争取这种机会。这种情况在美国非裔社区恰好相反。这里会给女孩而非男孩教育机会，因为女孩总是可以进入培育和护理行业——教师、护士……而他们男孩永远不容易得到发展。现在，这种情况在很多方面发生改变，但它就像一个自我保护的有机体。

博伦　　在《家》中，有个打扮花哨的男人出没在叙事中，并好几次出现在主人公面前。他是如何进入小说的？

莫里森　嗯，这本书中有不少内容涉及如何成为一个男人的问题，实际上是如何成为一个人的问题，但这里我们还是用"男人"。他在这个问题上挣扎，那里有些表面的方式可以证明你是一个男人。战争就是其中之一。但战后，也就是1940年代晚期、1950年代早期，打扮花哨的家伙们显得怪里怪气——他们在表达一种男性气概，这让人们十分愤慨。警察曾向他们开枪。你说的是衣着，更不用说连帽衫了——他们一直在抓那些人。我希望这个有着个性化服饰的男性人物就在那里徘徊。

博伦　　您提到了连帽衫。那时发生的事情同眼下发生的特雷翁·马丁案以及百万连帽衫大游行有关联吗？您觉得像特雷翁·马丁枪击事件这样的情况仍然时有发生，只是没被报道出来，还是美国对黑人的系统性杀戮已经减少？

莫里森　连帽衫只会分散人们的注意力。我觉得他们应该举行百万医生游行或类似的活动！对我来说，如今它已经高度戏剧化，在媒体上非常戏剧化。不论他们穿不穿连帽衫，杀害年轻黑人的现象从未发生大的改变。我不知道有哪个年轻黑人没被警察拦过。没有过。我的两个儿子……我听到杰西·杰克逊谈到他的两个儿子——一个在法学院，一个在商学院。但他们都被拦下了。我记得康奈尔·韦斯特告诉我，他在某个地方教书，需要通勤。每次都被拦下。不论这辆车是新还是旧——康奈尔的车遭到袭击，他们还是拦下了他。（笑）因此，当下媒体可能更多表达出黑人"图谋不轨"这样的普遍看法，这种看法很普遍，以前也一直这样。这就像《家》中的人物弗兰克·莫尼。我只是理所当然地认为警察会在大街上搜查他。但出于各种原因，我很感兴趣这种情况会带来什么样的后果。我想知道两件事，并会花些时间做这方面的研究。一是，世界历史上有没有白人因强奸黑人妇女而被定罪？有吗？

博伦 一时还真想不出来。

莫里森 有一个就行了。二是，有没有警察从背后射杀过白人孩子？有吗？我一个都不知道。这是我正在调查的两件事。如果有这样的先例，我就会相信这一切。哪怕有一名警察因为白人小孩在不合适的时间出现在不合适的地点而射杀了他。

博伦 这好像永远都不会发生，不是吗？早在2008年巴拉克·奥巴马竞选公职时，他请求您的背书，您最终给了他背书。您说让他做总统将是一种补偿。您称这是必要的发展,但不是革命。

莫里森 我这么说过?说得挺好!(笑)

博伦 是的。眼下,正值改选前夕,您觉得奥巴马达到了人们对他的预期吗?

莫里森 他超出了人们的预期。做得更多。比我想象的要更出色。

博伦 我大体感觉和您一样。有时我也会不太确定,但在总统在任的某些时间点对他失去信心很正常。

莫里森 是的,但我没想到针对他的敌意会如此强烈。我知道会有一些——甚至会不少——但这真的太疯狂了。对于那些讨厌奥巴马的人来说,他做什么不重要。他做的任何事都不重要。而且他们说的东西还很老掉牙。我发现,一旦他们不再说以 n 开头的那个词,这个词就会起到与就像一样的效果。从语言中除去对黑人的蔑称——黑鬼(NIGGER)——留下一个空洞。所以现在他们发明了许多同类性质的词——肯尼亚和无出生证明——来填补这个空洞。这个词曾代表了一切。现在又出现了其他一些极尽疯狂的含蓄词汇。这些词汇与就像相同。比如,"我就像,'哇……'",或者"这就像……",或者"我在想,就像……"就像已经从词汇表中删除了

90个单词。他们不再说感到。我真的感到不安。所以，有一个词能抹去语言，而抹去一个词又会产生一种疯狂的语言。这让我很震惊。那些不喜欢奥巴马的人表达出他们真心的不喜欢。我在报纸上的一篇文章中读到一句话"真正的问题在于这是个掌控世界的黑人"。不是法官、医生或街区领袖——而是世界。有人就是没法接受这一点。

我最好的小说是《爵士乐》。可是除我之外,没人关注它。

THE LAST INTERVIEW
最后的访谈

采访者
阿兰·埃尔坎

ALAINELKANNINTERVIEWS 网
2018 年 10 月 14 日

托妮·莫里森住在哈得孙河畔一栋阳光四溢的房子里。一个周六的午后，我和维克托瓦·布尔古瓦（Victoire Bourgois）坐车前往哈得孙河上游。45分钟的车程中，毕生都在纽约居住的随车司机带我们沿路欣赏了新泽西州、纽约上州、扬克斯市、康涅狄格州的不同风景。当我们抵达莫里森家时，她热情地接待了我们。谈到自己的写作过程时，她告诉我们："我的书桌没有朝向哈得孙河摆放，不然的话，一天下来，我什么事都做不成，只会欣赏河流的风景。这里有咸水、潮涨潮落，还有淡水，因为它毗邻纽约市。"

埃尔坎　　您在哈德孙河畔的家中住了不少年头了吧？

莫里森　　在这个县里住了有35年，来这个地方可能有15到20年的样子。这所房子曾被烧毁，放了一年没用，那年我们都搬到了纽约市，直到我重修房子后才住了回来。

埃尔坎　　你曾做过兰登书屋的，呃——

莫里森　　是做编辑。

埃尔坎　　——编辑，在纽约市，对吧？干了有多少年？

莫里森　　我不清楚。得和你说件事儿——一个天大的秘密，但我不想瞒你。我有87岁了。（笑）所以我记不住事儿了！（继续笑）但这挺好的。我喜欢在兰登书屋工作。

但事实上我是唯一的——我想，多克托罗[1]曾这样做过，既当作家又当编辑。后来他决定不做编辑了，就辞职了，专心写书。可我没有这方面的优越条件，因为我有两个儿子要养。所以我还在这里继续做编辑。但我也是一名作家，我的编辑是克诺夫出版社的罗伯特·戈特利布，我刚和他联系过，他劝我再写本书。当然，我也编辑其他人的作品。所以，同时当作家和编辑——我觉得只有多克托罗尝试过，但也只坚持了一年左右的时间。而我做起来没什么困难——

埃尔坎　　但您最终也不做编辑了。你辞去编辑职位，成为一名作家。不过那时您也是普林斯顿大学的教授。你不做编辑是为了去做教授，还是为了去当作家？

莫里森　　不是你理解的这样，其实我一直都在创作。《最蓝

---

[1] E. L. 多克托罗（E. L. Doctorow, 1931—2015）是备受推崇的美国小说家，他多年来担任新美国图书馆出版社（New American Library）和戴尔出版社（Dial Press）的编辑，与伊恩·弗莱明、艾茵·兰德、詹姆斯·鲍德温、诺曼·梅勒等诸多作家有过合作。——原注

的眼睛》什么时候出版的？大概是1972年[1]。所以我一直都在写东西，不论我是否在做编辑。后来，我离开兰登书屋——或者说，实际上是克诺夫——我需要一份工作。我不能没有收入。不能没有。

埃尔坎　您的书销量不太好？

莫里森　它们卖得很好，但是，你知道，也不能靠小说赚钱。没人能凭借一本好的小说或优美的小说赚钱。通常只有犯罪小说和描写性的小说之类的才赚钱。好的地方在于，他们预付给我的，销售都会挣回来，所以书一旦出版，我就不欠公司的钱了——对于作家来说，情况不都是这样。有时他们也会赚钱。

埃尔坎　但您不信这个——您想去做其他工作。

莫里森　我想写作！我还有其他的工作。我在耶鲁大学和康奈尔大学教课，当时我还在做兰登书屋的编辑，每周有一天我会去大学上课。很有意思的是，当我开始周五不上班去教书后，楼里的其他人，其他编辑，也开始做同样的事。他们说，她能做到的我也能做！

---

[1] 实为1970年。

埃尔坎　　这个时候您是不是结识了翁贝托·埃科[1]？
莫里森　　埃科？

埃尔坎　　难道这不是1970年代？
莫里森　　对对对。我见过他两次。一次在意大利。为什么我会在意大利？我也不知道。然后他来我教书的地方，可能是普林斯顿，待了些日子。

埃尔坎　　你在普林斯顿大学任教？
莫里森　　之前在纽约州立大学，后来我接到一位女士从普林斯顿大学打来的电话，问我想不想离开州立大学去普林斯顿大学工作。那时我的孩子们已经到了——我有两个儿子——需要我陪伴的年纪。

埃尔坎　　您说您在清晨写作，是不是？
莫里森　　是的。

埃尔坎　　因为您有两个儿子。
莫里森　　因为我要比我儿子们厉害。那个，他们什么时候醒来，我不太清楚——但只要太阳快出来，不论什么季节，我都会在黑夜中醒来，赶在日出之前。我记

---

[1] 翁贝托·埃科（Umberto Eco，1932—2016）是意大利小说家和符号学家，他著有多部作品，其中包括《玫瑰之名》和《傅科摆》。——原注

得坐在办公桌前往外望去，一般都是日出前 15 到 20 分钟。我早上状态非常非常好！随着日头西移，这种状态就会消失！（笑）

埃尔坎　　您一般连写几个小时？一两个小时？
莫里森　　写到午饭时间。我一般 5 点半或 6 点的样子起床，到中午我的东西就完成了。

埃尔坎　　您说您一大清早就工作，对吧？
莫里森　　是的，没错。

埃尔坎　　工作多长时间呢？
莫里森　　我会在清晨起床时开始写东西，那是太阳出山前，因为我总是比太阳早。我会一直写到午饭时间。中午左右。大概 6 个小时的样子，但这 6 个小时里我能做很多事，但那个，也不总是这样。有时你得回过头来看你写的东西，修改一下，或者删除，划掉……

埃尔坎　　因为你是自己的编辑？
莫里森　　太对了。（轻声笑）

埃尔坎　　做自己编辑的感觉怎么样？对自己会比对其他作家更严格吗？您说过，您去写作是因为您想读自己写的东西，是不是这样？

莫里森 是的。

埃尔坎 那么，您读自己写的东西时，会像对待其他人那样公正吗？

莫里森 是的。我像对待另一个和我很像的人。（笑）那个，但我确实得设定边界，这样我才不会一直觉得我写的东西都很好。但我从不会对自己的东西满意。

埃尔坎 不满意？

莫里森 是的。有时它很神奇。我记得有句话整个夏天都萦绕在我脑海，但我不知道它在说什么，也不知道为何它会留在我的脑海里。然后我就坐下来，把它写在一张纸上，写完后，又一句话出现了。（笑）再一句。你不知道这些东西是怎么来的。我楼下的书桌正对着——没对着河，对着的是河边的院子，因为我不想整天看着河，不然东西就写不出来了。于是我就在旁边看，这个方向，有个女人从水里冒出来，沿着我的院子走到水边，然后坐在一块石头上。她穿戴整齐，戴着顶帽子，一身漂亮的衣服，等等。不管怎么说，她被写进书中，穿戴整齐，我把这些句子放进去……

埃尔坎 您手写这些，是吧？

莫里森　是的。在黄色便笺纸上。是的,很老掉牙了。(笑)老师教我们这么去做。

埃尔坎　但是为什么要用铅笔写呢?

莫里森　因为……用水笔写的话就有点自大了。用铅笔的话,就好像你知道自己写的东西,但你愿意改正。

埃尔坎　您写了很多书吧?

莫里森　嗯嗯。有 8 本吧。有的我想重写。有一本我很想重写。

埃尔坎　哪一本?

莫里森　《最蓝的眼睛》。我的第一部作品。现在我的知识更多。更有思路了。

埃尔坎　《最蓝的眼睛》——那个小女孩想要拥有一双蓝眼睛的故事,是这本吗?

莫里森　就是这本。我很喜欢小女孩这个角色,我写她是因为这个小女孩真的存在。我七八岁的时候,有个朋友,一位邻居朋友,和我一般大的女孩,我们在街上散步,她说她每晚都会祈祷——我们有过上帝是否存在的争论——

埃尔坎　7 岁的时候?

莫里森　　嗯，因为她说上帝不存在。我说，上帝存在，而且——就是存在。这是我们争论的内容。缺席的存在。

埃尔坎　　她说上帝不存在是因为她没有蓝眼睛？

莫里森　　嗯，这是她如何得知上帝不存在。因为每天晚上——或者每个白天或早晨，每个时刻——她都在祈祷，她对上帝说话，祈求获得蓝眼睛，但他不曾满足她的愿望。因此，倘若他没有回应她的请求送她蓝眼睛，不用说，他根本不存在！（笑）

埃尔坎　　照您的经验来看，美国非裔不想成为他们自己，而想成为挪威人？

莫里森　　没有没有，实际上她长得漂亮，尽管当时我没意识到。她很漂亮——漆黑的皮肤，精致的五官——她的头型、嘴唇、鼻子，以及这双大眼睛——

埃尔坎　　她很漂亮？

莫里森　　太漂亮了！可她只在意自己的肤色。我去看，仔细看，然后想到，天哪！我那个年纪竟然还不知道漂亮是什么。我仿佛被惊醒。那是我第一次看着一位朋友，女性朋友，觉得她漂亮。我的字典里没这个词。那个，可爱、好看，还是漂亮？反正那是用来形容天空之类的东西。

埃尔坎　您的书中描述美国非裔的处境非常困难,是这样吗?但同时您也会对 1950 年代有点留恋。

莫里森　嗯,困难在于——

埃尔坎　在于您还年轻,还是因为——

莫里森　不是,是因为——不,你让我想起的困难是——身为黑人的困难——我们不是人,我们是黑人。这是有差别的。我不记得自己不开心,也不记得我的朋友和家人为此不开心,但有些事情我们不能做,有些地方我们不能去。那个,餐馆、街区等等。但我们创建了自己的街区。比方说,我们住在伊利湖畔,那里有个市里支持兴建的伊利湖公园,不允许黑人进入。所以他们所做的——我们所做的——就是沿着海岸往下走,走上大概 1 英里[1] 的路,从那里进入伊利湖,而不是从这里进去。我们刚刚建造了自己的公园。

埃尔坎　那个时候,许多少数族裔,包括犹太人,都不被社会所接受。

莫里森　是的是的,他们特别受孤立。唯一的区别在于,至少对于我所在区域的人来说,无论你属于哪个种族,犹太人或是意大利人——天哪,他们对意大

---

[1]　约 1.61 千米。

利人很刻薄！——住在海边的中产阶级和上层阶级群体才能被接受。这些人是医生和牙医，所以自认为是国王和王后，其他人都不如他们。但我觉得这对成年人的影响比对孩子的影响更大，因为小孩子们都一起上学。我上四年级时，有两个意大利孩子初来乍到，不会说英语，我的老师让我和他们坐在一起，这样他们就可以学说英语了，我就和他们一起坐了。

埃尔坎　您喜欢教书，是吗？

莫里森　我喜欢教那些小混混。（笑）我觉得自己挺厉害的，因为他长大后还做过我们小镇的镇长。

埃尔坎　您已经当了很多年的教授了。

莫里森　我很喜欢教书，因为你能学到很多东西。这不仅是我在教他们东西，而是你也从学生这里学到东西，我特别喜欢这一点。这不仅是我在讲话，从某种意义上说，这是种对话。我在普林斯顿大学教了大概7年的书。不久前才离开那里。我的秘书露丝还留在那儿。

埃尔坎　与编辑工作相比，您更喜欢教书？

莫里森　那个我不知道。我觉得，现在我可能更喜欢编辑了。我是这么觉得。因为我已经87岁了，哪儿也不想去。但通常情况下，这两个工作我都挺喜欢的。

埃尔坎 您还在坚持写作?

莫里森 "哦，是的。"她说。(笑)

埃尔坎 还在早上 5 点写?

莫里森 不了。(笑)

埃尔坎 那什么时候写?

莫里森 现在，那个，现在我写不了了。我还在那个时间醒来，但是身体已经不允许了。

埃尔坎 那现在什么时候写呢?

莫里森 嗯，现在晚上写。

埃尔坎 也就是午后?

莫里森 事实上，比那要晚。大概晚上六七点的时候。那个时间。对。有时写三页。就像那边的黄色便笺纸。有时我可以写三张。有时我写半张，那个，这取决于——我脑子里想到的东西，我想拓展的东西远远超过写的数量。

埃尔坎 小说的创作过程是什么样的? 您会陷入某个故事吗?

莫里森　　哦，我不知道，有些——情况不一样——

埃尔坎　　要是您有本书，一本新书要写，您会写下去吗？
莫里森　　会的，但只写一本。

埃尔坎　　写一本书要花多长时间？
莫里森　　三年是我写书的最短时间。大多数要六七年。

埃尔坎　　您最有名的书是《宠儿》？
莫里森　　我不知道是不是？

埃尔坎　　（话音很不清楚，15：05）
莫里森　　我不知道是不是这个原因。在我看来，是我的另外一本书。

埃尔坎　　那您觉得这是自己写得最好的小说吗？
莫里森　　不是。

埃尔坎　　不是？
莫里森　　我最好的小说是《爵士乐》。可是除我之外，没人关注它。因为我从不用"爵士乐"这个词，但我按照爵士乐的方式来构思、设计它——不是把它生产出来，而是创造出来。它有上乘的品质。大家都不知道——那个，它极具创意，它改变……

埃尔坎　　这部小说讲了什么故事?

莫里森　　不能说。我不告诉你。我想让你去读一读。(笑)

埃尔坎　　我会读的。

莫里森　　这是关于那个时期,那个,1920年代纽约这样的大城市。

埃尔坎　　您对此做了研究吗?

莫里森　　那时我在纽约做了些研究。建筑物长什么样——那个时期的纽约市非常时髦。音乐也很棒。甚至没多少种族隔离。有很多混合在一起的东西。我觉得是音乐的缘故。要是你沿着哈莱姆、第五大道走,你就能——真是太美妙了。其他人谈起它的时候也会让你觉得那是最激动人心的地方,而和它接近的只有新奥尔良。但我觉得,这两个地方都是音乐圣地。新奥尔良的爵士乐,音乐家们住在那儿,在那里演奏。书包嘴[1]和那些人。而纽约的音乐有所不同——

埃尔坎　　您热爱音乐。

莫里森　　是的。

---

[1] 书包嘴是新奥尔良的小号演奏者路易斯·阿姆斯特朗的昵称。——原注

埃尔坎　　您的书中飘荡着音乐。

莫里森　　嗯，这是我唯一的办法，因为我不会演奏。

埃尔坎　　您的书中总是流淌着音乐，不是吗？

莫里森　　没错，确实是这样。我母亲是那种一直吟唱的人，她嗓音优美。没上过任何这方面的课，她天生就是个歌唱家。比我听过的任何人唱得都好。贝西·史密斯，所有这些女歌手。不管谁。所以她让我们去上钢琴课，我们却觉得这就像让我们去学走路！（笑）我们得去学校学她天生就能做的事？

埃尔坎　　菲利普·罗斯不愿被当作犹太作家，只想被当作作家。

莫里森　　我记得这个情况。我也认识他。

埃尔坎　　那您是黑人作家还是作家？

莫里森　　黑人作家。没什么好遮遮掩掩的。

埃尔坎　　为什么是黑人作家？

莫里森　　因为像你这样的朋友会问这样的问题。（暗笑）这样的身份会带来不同的东西。

埃尔坎　　哪些不同？

莫里森　　特征、音乐、声音、质感……这些蕴含着什么？那个，黑人写作——那个谁？哦，我记不起来了。他在鲍德温之前写了有关黑人生活的东西，但写得有点脱离实际，仿佛他在望着一个与他分开的东西。鲍德温对黑人的东西都不感兴趣，他只对技巧和世界感兴趣。那个，他大部分时间住在欧洲。但这两个都是极端的例子，因为，那个，如果你是一位作家也是黑人，你不会得到《纽约时报》的评论。你不能在大学找到工作。

埃尔坎　　从那时起，世界在您的一生中发生了巨变。

莫里森　　巨变。确实如此。但我得说，我获奖[1]时，媒体上还有负面的声音。（笑）

埃尔坎　　您是怎么看待，那个，黑人在美国的诸多经历？

莫里森　　嗯，嗯，这是数不尽的痛苦，然后人们在音乐中用到这些经历，比如妮娜·西蒙，你明白我的意思吗？他们自然而然地从中汲取创作养分。而作家们——

埃尔坎　　您也是啊。您在《宠儿》中也用了。

莫里森　　是的。那里用了。但这不仅限于黑人，白人作家也会这么做。他们从他们受伤最多的地方，他们的年轻时光、他们的街区或他们的家庭，从中汲取写作

---

[1] 1993年，莫里森获诺贝尔奖。——原注

方面的一种文雅。很少有作家只写快乐的东西。他们都觉得自己是埃德加·爱伦·坡。

埃尔坎　可以分享一下您和这种变化的情况吗？因为您经历了一个非常有趣的阶段——是不是？——对黑人而言的变化阶段，与您的父辈们相比——

莫里森　是的，是的，巨大的变化……

埃尔坎　我想问的是，奥巴马当选总统时，您有什么感受？

莫里森　我爱奥巴马。（笑）这就是我的感受。他也爱我！噢，这个我不清楚——嗯，是这样的，他邀请我去参加他的庆祝会了。我和我儿子福特一起去的。

埃尔坎　您觉得这只是个片段吗？

莫里森　我不知道。

埃尔坎　我们现在又生活在另一个美国吗？

莫里森　嗯，告一段落。先有马丁·路德·金，再有奥巴马。奥巴马赢了两次。总统选举时，我们经常不会再选同一个人，那个，他们只有一个任期。但他做了两届。他的女儿来过这里一次——应该是大女儿。她对写作感兴趣，呃，我觉得奥巴马并不感兴趣，是他妻子告诉我，她女儿对成为一名作家很感兴趣，问我能不能和她女儿聊聊。我说当然可以。

于是她坐着一辆豪华轿车过来，我们聊了一下。她是个很可爱很可爱的女孩。

埃尔坎　您觉得如今自由多了、偏见少了吗？

莫里森　是的。嗯，我出名了，生活也随之发生变化。但真正的考验是，我的孙子们，年少的时候不用考虑我在他们这么大时思考的问题。他们的母亲上了伍德罗·威尔逊学院和普林斯顿大学，所以事实上他们都不是一类人。

埃尔坎　您的孙辈们没有觉得和别人不太一样吗？

莫里森　没有，他们觉得比别人更厉害。我的孙辈们——有个现在在约旦学习阿拉伯语。她不是作为黑人女孩在学，而是作为一个想在约旦学习阿拉伯语的人在学，就像——（笑）哦，真不可思议！我像她那么大时想都不敢想。我是个自尊感很强的黑人，像是个自尊感很强的，比方说，同性恋人士。或者，那个，你总是能将自己归入一个小的类别。不论这是否意味着什么……

埃尔坎　做一个自尊感很强的黑人意味着什么？

莫里森　意味着？（笑）我母亲总是"比别人强"。她是最出色的歌手，在教堂里唱，歌声是那么的动人，连白人都从这个州的其他地方赶来，只为听她唱歌。所以我对处于社会边缘与社会顶端有着完全不同的理解。那是在俄亥俄州,一个不太一样的州。但佐治亚州很可能就不会发生这样的事。

埃尔坎　　现今,世界在倒退。民族主义、法西斯主义在欧洲卷土重来。

莫里森　　哦,天哪!

埃尔坎　　您认为美国是否有危险?

莫里森　　是的。这是种堕落——不知羞耻的堕落。我的意思是,一般你选了个差劲的领导时,大家都会感到不好意思。现在,无论哪个种族,都有人为特朗普的当选感到不好意思。但这还不够。我的意思是,你能想象吗——我是说,他无时无刻不在说谎,没有哪件事上不说谎。(笑)

埃尔坎　　他对黑人民众的态度很恶劣,不是吗?

莫里森　　还好,都一样。他不在意这个。他不把种族放在眼里。

埃尔坎　　难道他不是种族主义者?

莫里森　　不好说。但他不会落入种族主义者范畴,因为种族对他来说不重要。钱最重要。我觉得他喜欢那些有钱的黑人。

埃尔坎　　　如今在美国当作家，与以往有什么不同吗？人们读的书比以前少了吗？

莫里森　　　嗯，对写作的回应发生着改变，因为我觉得人们——我也说不好，我说的不一定对，因为我在大学教了这么长时间的书，可能不太了解外面的情况了，但我有种感觉，人们不再像以前那样读书了。

埃尔坎　　　您指的是？

莫里森　　　我觉得他们不再像以前那样读书，读的书不多，读的时候，也不想读某一类的东西，明白吗？我也说不好，我可能有点过时了，因为我不教书了，但我在普林斯顿的那些年，我能某种程度上感受到读重要书籍的氛围。现在我不在那儿了，我不清楚那里的情况，只能从我秘书那里稍微了解一点。

埃尔坎　　　您为什么会去写作？

莫里森　　　因为我很擅长。这是原因之一。我知道该怎么写。一直都知道。问题是其他人不这么想。

埃尔坎　　　年轻时促使您写作的动力是什么？您又为什么会成为一名作家？

莫里森　　　我上小学的时候，我母亲在家校沟通日拜访老师。我的老师告诉我母亲要好好培养我，因为我很有天赋。我想我提到过他们让意大利小男孩和我一起坐，好让他们学习语言的事。记得有这样一件事，因为我的婚前姓氏是沃福德，那时我们根据姓氏的首字母顺序坐。所以如果你的姓以 W 开头，你就坐在后面，或以 Z、V 开头你就坐在教室后面。我因此就坐在教室后面。一个叫雪莉·维克的女孩坐在我旁边。其他孩子都是意大利人。就把这些人放在我和雪莉·维克这样的人旁边。

埃尔坎　　您是怎样开始写作的？写过一个短篇小说？

莫里森　　我想，在我的记忆中，上大学前我没写过什么东西。我不知道高中时写没写。或许写了点东西，但我不记得了。因为大概 30 年前我回到大学，我的一位同事在那儿，我去看他，一起喝了点咖啡——他在课堂上用了我在大学里写的一些东西给他学生做范例。

埃尔坎　　什么样的才是优秀的作品？

莫里森　　（叹气）我真希望自己能说出来。我能写出来，但是说不出来。（笑）

埃尔坎　　诺贝尔奖改变了您的生活吗？

莫里森　　没有。他们奖励了我一些钱，我花了。这让不少人坐不住了。他们写了非常——不算侮辱，但接近侮辱的文章，非常伤人。他们干吗给她钱？（笑）

埃尔坎　　　您赢得了这么多奖项和赞赏,这会让您的写作变得更有难度吗?

莫里森　　　没有。瞧瞧那个。看到了吗?那是我的新小说。我用一早上的时间和我的编辑讨论那个文稿。这就是公平。

埃尔坎　　　您喜欢简洁的标题。

莫里森　　　确实。我没有刻意这么做,但结果就是这样。灵感来了,我就知道该怎么写——要么是某个角色或人物,要么是住在那儿的某个人,要么,那个,是某种氛围。

埃尔坎　　　希望别人评价您富有诗意吗?

莫里森　　　是有人这么说。我喜欢这样的评价,因为我知道其中的含义。他们是说我用的是雅语。所有的小说都该用雅语。我不想,我不喜欢用散文式新闻体来写小说。

埃尔坎　　　有哪位作家您特别欣赏吗?

莫里森　　　这么多年来,考德威尔[1]一直是我的最爱。我钦佩他的大脑、他的思想、他理解事物的方式。他写得真

---

[1] 厄斯金·考德威尔(Erskine Caldwell,1903—1987)是美国小说家和短篇小说作家,以其小说《烟草之路》而著称。——原注

好，真的好。也有其他很多优秀的作家。我欣赏他的地方是，他好像——对人有一种亲近的语言和个人感情——我见过他好几次。他是个无趣的老人。但他的角色却很有意思。我是说，我肯定他对他的朋友不是那样，我喜欢他这一点。他不会——我见过一些非常大牌的（低沉的声音）作家。他们总在炫耀。（笑）人挺好，就是，那个，他们总是认为自己的写作水平比任何人都高。

埃尔坎　您认为当前的黑人文学十分活跃吗？

莫里森　嗯，让我想想。我认为其中有过变动——那个，曾经有个阶段最看重黑人音乐。然后，有时，那个，转向一些作家和他们的小说，黑人写作又变得很重要。比如，呃，詹姆斯·鲍德温。而现在，没什么特别重要的了。就维持在这里……但最终从音乐转向了文学——黑人文学，或者说，关于黑人的文学。虽然像鲍德温这样的人都不住在这里。他住在土耳其或其他某个地方。

埃尔坎　您觉得如今文学活跃，您读着新书，还——

莫里森　是的！（笑）我不确定是否跟得上潮流……

埃尔坎　有没有什么有意思的，有意思的新作家？

莫里森　一些年轻女性。那个，她们就像新生代作家，对一些新事物感兴趣。

埃尔坎　　女性取得了巨大的进步。

莫里森　　我觉得是，是这样的。没错。绝对是这样。

埃尔坎　　您有什么担心的事吗？

莫里森　　我真的很不放心咱们国家的统治者[1]。他是那么的无知，那么的胆小，那么的肤浅，以自我为中心，报复心重……他也老了。72岁了。他不能再这样了。伍德沃德[2]写了本有关他的特别好的书，书名是《恐惧》。我看了之后不禁感叹，哦，天哪。（笑）比我想象的还要糟糕！我想到了不好的事情。

埃尔坎　　有让您开心的事吗？

莫里森　　有。我活了这么大岁数。感到很欣慰。

埃尔坎　　您还会继续写东西吗？

莫里森　　嗯，当然。

---

[1] 访谈时，唐纳德·特朗普担任美国总统。——原注
[2] 鲍勃·伍德沃德为《华盛顿邮报》记者，著有多部披露总统班子内幕的书，最为著名的是他与卡尔·伯恩斯坦合作的披露尼克松总统丑闻的《总统的人马》(*All the President's Man*) 一书。——原注

托妮·莫里森　TONI MORRISON

生于俄亥俄州洛雷恩，原名克洛艾·阿德利亚·沃福德（她的小名托妮取自她的教名安东妮）。从霍华德大学毕业后，她在康奈尔大学获得硕士学位，然后成为英语教授，先在得克萨斯南方大学教书，后又回到霍华德大学任教。1964年，她与哈罗德·莫里森婚姻破裂，两个儿子由她抚养，此时她决定改变自己的职业轨迹。其后，莫里森获得兰登书屋的工作机会，成为该公司首位美国非裔小说编辑。她同许多知名作家合作过，其中包括安吉拉·戴维斯、穆罕默德·阿里和托尼·凯德·班巴拉。与此同时，她开始了自己的创作，1970年出版了她的首部小说《最蓝的眼睛》。这本书非常畅销，她的第二部小说《秀拉》和第三部小说《所罗门之歌》也很受欢迎。《所罗门之歌》曾获美国国家书评人协会奖。她又创作了几部小说——最著名的或许是《宠儿》——以及戏剧和诗歌。1993年，她荣获诺贝尔文学奖。

莱拉·弗雷利奇尔　LILA FREILICHER

长期担任出版业高层管理人员，采访莫里森时，她任《出版人周刊》副主编。

小唐纳德·M. 萨格斯　DONALD M. SUGGS JR.

曾任《村之声》（*The Village Voice*）高级编辑、同性恋反诽谤联盟副会长和哈莱姆联合社区艾滋病中心项目总监。

查莱恩·亨特-高特　CHARLAYNE HUNTER-GAULT

曾任《纽约时报》现场报道的记者、《纽约客》专栏作家、美国公共广播公司记者和全国公共广播电台分社社长。她的作品赢得了无数荣誉，有一项皮博迪奖、两项艾美奖以及1986年全美黑人新闻工作者协会的年度记者奖。

比尔·莫耶斯 BILL MOYERS

曾担任林登·约翰逊总统的新闻秘书,后成为一名记者。先在《新闻日报》(*Newsday*)担任出版人,后于1971年开始与美国公共广播公司建立长期合作关系,主持新闻和文化事务类节目。他还担任哥伦比亚广播公司新闻评论员10年。莫耶斯共赢得30多项艾美奖、3项乔治·波尔克奖、皮博迪终身奖和沃尔特·克朗凯特杰出新闻奖。

齐亚·贾弗里 ZIA JAFFREY

《隐形人:一群印度太监的故事》(*The Invisibles: A Tale of the Eunuchs of India*)的作者,该书出版于1996年。她住在纽约市。

卡米尔·O.科斯比 CAMILLE O. COSBY

戏剧兼电视制片人,她最具知名度的作品或许是她与他人联合制作的热门剧《掌握我们的发言权:德拉尼姐妹们的首个百年》(*Having Our Say: The Delany Sisters' First 100 Years*)以及根据该剧改编的电影。她长期担任她丈夫、喜剧演员比尔·科斯比的经纪人。

克里斯托弗·博伦 CHRISTOPHER BOLLEN

《采访》杂志的前任主编,并曾担任多家出版物的艺术活动记者,包括《艺术论坛》和《纽约时报》。他创作了4部小说,分别是《闪电人》(*Lightening People*)、《东方》(*Orient*)、《毁灭者》(*The Destroyers*)和《美丽的犯罪》(*A Beautiful Crime*)。

阿兰·埃尔坎 ALAIN ELKANN

意大利记者,为都灵的《新闻报》(*La Stampa*)撰写每周专栏。他还主持意大利电视台多个文化类节目,创作了包括《阿妮塔》(*Anita*)和《钱必须留在家》(*Money Must Stay in the Family*)在内的多部小说。